AI 助教

人工智能辅助教与学

何泰伯　韩淑梅　◎著

江西科学技术出版社

江西·南昌

图书在版编目（CIP）数据

AI助教：人工智能辅助教与学 / 何泰伯，韩淑梅著.
南昌：江西科学技术出版社，2025.3. -- ISBN 978-7
-5390-9468-7
　　Ⅰ.G434
　　中国国家版本馆CIP数据核字第2025LQ5601号

AI助教：人工智能辅助教与学
AI ZHUJIAO：
RENGONG ZHINENG FUZHU JIAO YU XUE

何泰伯 韩淑梅 著

出版发行	江西科学技术出版社
社址	南昌市蓼洲街2号附1号
	邮编：330009　电话：（0791）86623491　86639342（传真）
印刷	定州启航印刷有限公司
经销	全国新华书店
开本	710 mm×1000 mm 1/16
字数	190千字
印张	13.25
版次	2025年3月第1版
印次	2025年3月第1次印刷
书号	ISBN 978-7-5390-9468-7
定价	78.00元

国际互联网（Internet）地址：http://www.jxkjcbs.com　　选题序号：KX2025089　赣版权登字：-03-2025-47
责任编辑：魏栋伟　　　　总 策 划：杨 青　　　出版统筹：柴占伟
策划编辑：杜若婷 师 圣　装帧设计：张 晴 章 越
版权所有　侵权必究
（赣科版图书凡属印装错误，可向承印厂调换）

在当今这个信息技术飞速发展的时代，人工智能（AI）正以前所未有的速度深入影响着我们的生活方式、工作模式和思维习惯。传统的教育模式正在受到挑战，新的教学理念和工具层出不穷。在这样的大背景下，我们迫切需要思考如何将AI技术有效地融入教育教学过程中，助力教师提升教学效率，帮助学生实现高效学习。

《AI助教：人工智能辅助教与学》一书正是基于这样的思考而诞生。我们深信，AI并非取代教师或学生的存在，而是作为一种强大的辅助工具，帮助他们更好地完成教学与学习的任务。通过合理地应用AI技术，教师可以更精准地设定教学目标，更深入地分析教学重难点，获取更丰富的教学资源，甚至可以一键生成教学设计和课件。这些都将极大地减轻教师的备课压力，让他们有更多的时间和精力关注学生的个性化发展。在课堂教学中，AI的应用也为教学方法和教学模式带来了新的可能性。教师可以利用AI技术培养学生的注意力，激发他们的学习兴趣，创造出一个又一个"经典名场面"。AI的数据分析功能可以帮助教师实时了解学生的学习状态，及时调整教学策略，提高教学效果。

对于学生而言，AI同样是一个不可或缺的学习伙伴。通过AI，学生可以找到最适合自己的学习方法，定制个性化的学习计划，提前预习新知识，抢占学习先机。AI还可以帮助他们整理课堂笔记，实时回答他们的疑问，甚至帮助他们快速记忆知识点和单词。所有这些，都使得学习过程变得更加高效和轻松。

然而，我们也必须认识到，AI技术的应用不仅仅是技术层面的革新，更涉及教育理念和人文关怀的深层次问题。技术的进步应当服务于人，而非让人成为技术的奴隶。因此，我们在倡导AI技术在教育中应用的同时，也强调技术与人文的平衡之道。只有这样，才能真正实现教育的本质目标，培养出全面发展的创新型人才。

本书共分为四个部分。第一部分主要介绍了人工智能的基本概念、发展历程和常用模型，帮助读者全面了解 AI 的本质。第二部分针对教师，详细阐述了如何利用 AI 技术打造高效课堂，从备课、课堂教学到课后辅导，提供了一系列实用的方法和技巧。第三部分面向学生，介绍了如何借助 AI 开启全新的学习方式，提高学习效率。第四部分展望了 AI 助教的未来之路，探讨了 AI 在教育领域的最新趋势和发展方向。

在撰写本书的过程中，我们力求以通俗易懂的语言、生动的案例和实用的操作指南，帮助读者深入理解 AI 在教育中的应用。无论您是一线教师、教育管理者，还是求知若渴的学生，我们都希望本书能够为您提供有益的启示和帮助。教育的未来充满了无限的可能性，而 AI 正是开启这一未来的钥匙之一。我们相信，随着技术的不断进步和教育理念的不断更新，AI 将在教育领域发挥越来越重要的作用。让我们携起手来，共同探索 AI 助教的无限潜力，创造教育的新生态。

最后，衷心感谢所有为本书的诞生付出努力的朋友和同仁。你们的支持和鼓励是我们前进的最大动力。也期待广大读者能够对本书提出宝贵的意见和建议，以便我们在未来的工作中不断改进和提升。让我们一起迈向教育的新时代，共同见证 AI 助教为教学与学习带来的美好变革。

本书在写作过程中，使用 AI 软件或 ChatGPT 的问答截图均为自动生成，可能存在不足或错误之处，还请广大读者斧正。

为了真实演示 AI 软件呈现的效果，本书针对 AI 软件生成的答案，尽量不作任何处理，所以可能其中会出现部分语法和文字瑕疵等，敬请谅解。

目录
Contents

Part1 人工智能革新教育新理论

1 揭秘人工智能

1.1 人工智能是什么 　　4
1.2 AI 的崛起之路 　　6
1.3 常用的 AI 模型 　　11

2 AI 能为老师和学生做什么

2.1 教育界的新宠儿 　　34
2.2 教学与学习的大革命 　　39

Part2 老师必备篇用 AI 打造高效课堂

3 AI 让老师备课不发愁

3.1 教学目标精准设定 　　48
3.2 教学重难点提前分析 　　58
3.3 教学资源随处可得 　　63
3.4 教学设计和框架一键生成 　　65
3.5 教学课件简单制作 　　71

4　AI 让课堂教学变简单

4.1	课堂注意力的培养	80
4.2	培养兴趣的"经典名场面"	89
4.3	阅读技巧分享	95
4.4	数据分析的应用	98

5　AI 让课后轻松无压力

5.1	AI 辅助个性化学习	104
5.2	智能辅导和答疑	110
5.3	AI 帮你一键搞定课后内容	116

Part3　学生必备篇 AI 开启学习新方式

6　AI 让学习更高效

6.1	找到自己的学习方法	130
6.2	制订合适的学习计划	139
6.3	预习新知识,抢占先机	142
6.4	AI 辅助在线服务	151

7 AI 让学习更轻松

7.1	整理课堂笔记更省心	156
7.2	老师实时提问即时答	164
7.3	知识点单词秒记忆	167

8 AI 让辅导伴你行

8.1	作业难题精解	176
8.2	学习精准监控	182
8.3	助力复习之路	186

Part4　AI 助教的未来之路

9 AI 助教引领新趋势

9.1	人人必备的 AI 技能	192
9.2	教育创新不停步	194
9.3	技术与人文的平衡之道	196
9.4	共创未来教育新生态	198

后记　　　　　　　　　　　　　　　　　　　　　　200

Part 1

人工智能革新教育新理论

人工智能（AI）正在悄然改变我们的生活，在教育领域也不例外。AI 不仅仅是一个时髦的词汇，它已经成为课堂上的重要工具，改变着教师的教学方式和学生的学习方式。这部分将带我们走进人工智能的世界，从它的基本概念到它如何在教育中崭露头角。在这一部分中，我们将了解人工智能究竟是什么，AI 语言模型如何工作，哪些人工智能工具正在改变我们的日常生活，以及 AI 如何为教育带来一场颠覆性的变革。不论我们是老师还是学生，掌握这些内容，将在新时代的教育中走得更快、更远。

Part 1

新人看護管理者研修

1

揭秘人工智能

人工智能技术的发展正在和现实生活中的各种场景紧密结合。本章将带您揭开人工智能的神秘面纱，深入了解什么是人工智能，以及它是如何崛起成为当今炙手可热的技术。我们将探索必知的 AI 语言模型，了解它们如何理解和生成人类语言，最后介绍一些已经融入生活的 AI 神器。

1.1 人工智能是什么

"人工智能"从字面意思看是"人工"创造或者模仿出的"智能",它主要是通过模拟人类的思维和行为,来完成一些复杂的任务。"人工智能"和自然智能不相同,它主要依靠的是计算机和算法,通过大量数据的处理、分析和学习从而来提高对于各种问题的解决能力。20世纪50年代,美国的数学家约翰·麦卡锡首次提出人工智能的概念。1956年,他在达特茅斯的会议上提出了"人工智能"这个概念。随着 AI 的不断发展,涌现了很多国内外的 AI 工具,可以询问它们,它们对于人工智能所给出的解释是这样的。

> **问:**
>
> 请解释一下,什么是人工智能?
>
> **答[①]:**
>
> 人工智能(Artificial Intelligence, AI)是计算机科学的一个分支,旨在开发能够模拟或增强人类智能的机器和系统。AI 的核心在于创建能够"学习"与"推理"的算法和模型,使计算机能够执行传统上需要人类智能才能完成的任务,如视觉识别、自然语言理解、问题解决和决策制订等。
>
> AI 的实现方式包括多种技术,如机器学习、深度学习和自然语言处理等。机器学习通过大量的数据进行训练,使系统能够自动改进性能;深度学习则利用多层神经网络来识别模式和进行复杂分析;自然语言处理则使机器能够理解和生成人类语言。
>
> 人工智能广泛应用于多个领域,包括自动驾驶、医疗诊断、金融分析和个性化推荐等。AI 不仅能够提高生产效率,还能为社会和经济带来深远影响。

人工智能本质上是使机器或计算机程序能够像人类一样思考和解决问题。它使得机器能够理解人类的语言、识别图像和文字、与人类进行交流、解决复杂问题、

[①] 为了还原 AI 的答案,本书针对 AI 所给出的答案,我们尽量不作任何处理,所以可能会出现部分语法和文字瑕疵等,请理解。

学习新知识，甚至执行实际操作，例如操纵机器人或驾驶汽车。简而言之，人工智能的核心魔力在于赋予机器"听、看、学、行"的综合能力。

就如同在高速公路上驾驶，如果每一秒都需要深思熟虑每一个操作，那么驾驶将变得极为困难。实际上，我们依靠的是多年积累的直觉和经验来控制车辆，这些能力是通过时间和实践逐步获得的，而非单纯靠死记硬背规则。人工智能的发展也是如此，它不仅仅是对人类行为的简单复制，更需要对智能行为的本质进行深入理解。正是这种对智能本质的深刻探究，使得人工智能在各个领域展现出巨大潜力。它不仅推动着科技的前沿发展，还为市场带来了前所未有的机遇和挑战，正在重塑我们的未来。

1.2 AI 的崛起之路

对于 AI 的崛起之路，可以说是一本曲折的科幻小说。从 AI 概念的诞生到现在的高速发展，AI 的每个阶段都充满着传奇色彩。

1956 年夏日，麦卡锡、明斯基等科学家在美国达特茅斯学院开会研讨"如何用机器模拟人的智能"，第一次提出"人工智能（Artificial Intelligence，AI）"这一概念，这标志着人工智能学科的诞生。

1.2.1 人工智能的早期发展

在 1956 年"人工智能"这一概念被提出后，接下来的十年成为人工智能研究的一个小高峰。这个时期涌现了大量的新观念、新思想和新理论，吸引了众多研究者投入其中，一系列引人瞩目的成果也相继诞生。

1959 年，世界上第一台工业机器人诞生，标志着机器开始在工业领域承担起部分人类的工作。到了 1964 年，首个聊天机器人问世，开启了人机交互的新篇章。然而，计算机运算能力的严重不足限制了人工智能的进一步发展。进入 20 世纪 70 年代，人工智能迎来了第一次"寒冬"。当时的 AI 系统主要依靠固定指令来执行特定任务，缺乏真正的学习和思考能力。一旦面对复杂的问题，这些程序便显得力不从心，智能性大打折扣。

1966 年，麻省理工学院的科学家约瑟夫·魏岑鲍姆（Joseph Weizenbaum）发表了题为《ELIZA——用于研究人机自然语言交流的计算机程序》的论文，介绍了他开发的 ELIZA 程序。ELIZA 的运作方式有点类似于玩"猜字谜"游戏。当用户对其说话时，ELIZA 会认真聆听，捕捉关键词，然后根据这些关键词背后的规则生成回应。ELIZA 可以和人类进行简单对话，让计算机和人类交流更真实。ELIZA 在当时有个比较简单的界面，如图 1-1 所示。

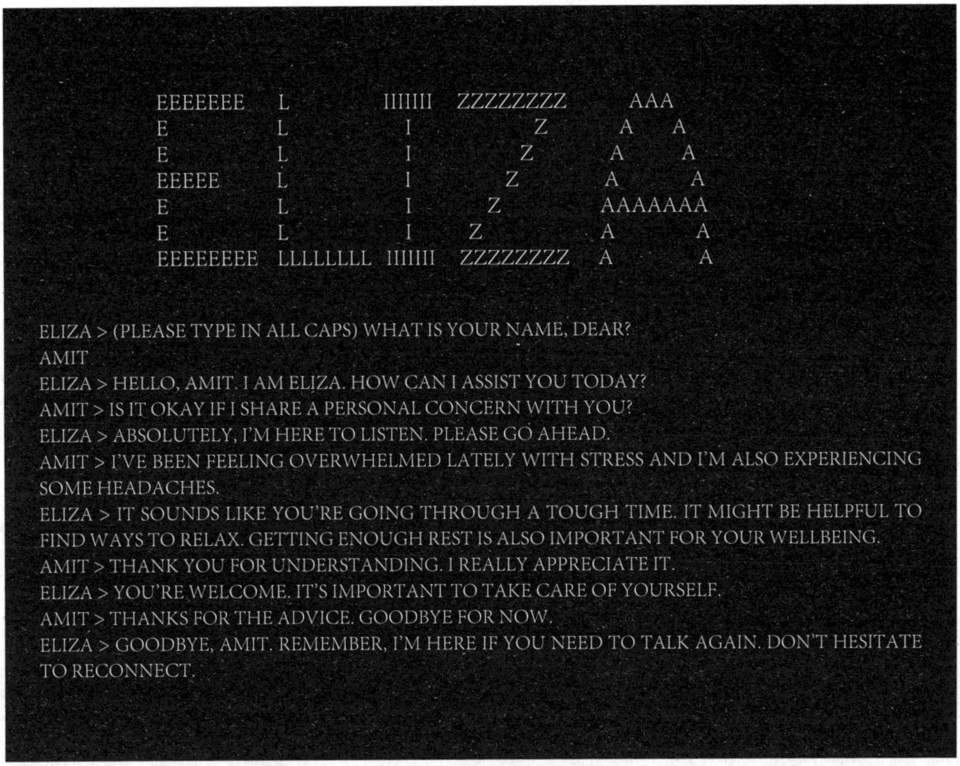

```
EEEEEEE    L          IIIIII  ZZZZZZZZ   AAA
E          L            I           Z   A   A
E          L            I          Z    A   A
EEEEE      L            I         Z     A   A
E          L            I        Z      AAAAAAA
E          L            I       Z       A   A
EEEEEEE    LLLLLLL    IIIIII   ZZZZZZZZ  A   A
```

ELIZA > (PLEASE TYPE IN ALL CAPS) WHAT IS YOUR NAME, DEAR?
AMIT
ELIZA > HELLO, AMIT. I AM ELIZA. HOW CAN I ASSIST YOU TODAY?
AMIT > IS IT OKAY IF I SHARE A PERSONAL CONCERN WITH YOU?
ELIZA > ABSOLUTELY, I'M HERE TO LISTEN. PLEASE GO AHEAD.
AMIT > I'VE BEEN FEELING OVERWHELMED LATELY WITH STRESS AND I'M ALSO EXPERIENCING SOME HEADACHES.
ELIZA > IT SOUNDS LIKE YOU'RE GOING THROUGH A TOUGH TIME. IT MIGHT BE HELPFUL TO FIND WAYS TO RELAX. GETTING ENOUGH REST IS ALSO IMPORTANT FOR YOUR WELLBEING.
AMIT > THANK YOU FOR UNDERSTANDING. I REALLY APPRECIATE IT.
ELIZA > YOU'RE WELCOME. IT'S IMPORTANT TO TAKE CARE OF YOURSELF.
AMIT > THANKS FOR THE ADVICE. GOODBYE FOR NOW.
ELIZA > GOODBYE, AMIT. REMEMBER, I'M HERE IF YOU NEED TO TALK AGAIN. DON'T HESITATE TO RECONNECT.

图 1-1 ELIZA 的聊天界面

直到 1967 年，Thomas 等人提出了 K 最近邻算法（k-nearest neighbor, KNN），这是一种直观的分类方法。KNN 的工作原理类似于在做决策时参考周围人的意见。简单来说，当我们需要对一个项目进行分类时，KNN 算法会查看距离这个项目最近的几个已知分类的项目，并基于这些最近项目的分类来决定目标项目的分类。比如我们所考虑的是 3 个最近的项目，其中 2 个属于同一类别，那么目标项目也很可能属于这个类别。KNN 的核心思想就是"物以类聚"，通过观察一个项目周围的环境来推断它的属性。

1968 年，科学家爱德华·费根鲍姆开创了人工智能领域的新篇章，他创造了一个名为 DENDRAL 的计算机程序。这个程序标志着人工智能发展中的一个重要里程碑，它被认为是第一个"专家助手"。DENDRAL 的设计使其能够在特定领域内提供专业的分析和建议，相当于在计算机科技领域中实现了专家级的决策支持。

1969 年，马文·明斯基发表了一本名为《感知器》的书。在书中，他讨论了计算机如何理解像"或者"这样简单的逻辑指令。当要求计算机决定一件事是 A 还是 B 时，计算机需要能够区分这两种情况。明斯基特别指出，传统的单层感知器模型在处理名为 XOR 的逻辑问题时表现不佳。XOR 的情况是这样的：如果告诉计算机两个选项中只有一个是正确的，计算机就需要准确地作出判断。

明斯基认为，要克服这个问题，需要开发出一种多层的复杂模型，这种模型能够处理更复杂的逻辑任务。但当时的技术水平尚未能有效训练这种复杂的网络，也就是说，人们还没找到让这些高级模型学习和工作的方法。这个发现让当时对神经网络（一种旨在模拟人脑工作的技术）的研究热情受到了冲击。结果是，接下来的 10 年里，神经网络的研究几乎停滞不前，陷入了一段漫长的低谷期。这主要是因为还没解决计算机如何模拟人类思维方式的这一核心问题，使得神经网络的研究暂时陷入困境。

1.2.2　机器学习的起步阶段

人工智能的发展历程中，机器学习阶段的起步并不顺利。受当时的技术限制，如计算机速度不够快和机器学习理论的不成熟，使得人们对 AI 的热情有所下降。许多最初的期望并未实现，导致对 AI 的兴趣逐渐冷却。然而，科研人员并没有因此而放弃。到 1980 年，卡内基梅隆大学推出了 XCON 这一专家系统，标志着专家系统的普及开始。尽管这些系统偶尔会出现逻辑错误，AI 领域经历了第二次低潮。

1997 年，IBM 的超级计算机"深蓝"在国际象棋比赛中击败了世界冠军加里·卡斯帕罗夫，这一事件重新点燃了大众对人工智能的兴趣。"深蓝"的计算能力达到了每秒 2 亿步，其在比赛中表现出的战略深度显著。在那次比赛中，卡斯帕罗夫在第二局遭受重挫，此后便一蹶不振，在最后一局中只下了 19 步便认输。此后，虽然卡斯帕罗夫希望能有机会再战"深蓝",但IBM拒绝了他的请求并将"深蓝"拆解。卡斯帕罗夫与其他电脑的比赛结果最终以平局告终,他未能再次挑战"深蓝"。

与早期依靠专家知识和固定规则运行的"专家系统"不同,"深蓝"采用了一种试错法,通过穷举所有可能的棋步来选择最佳策略。这种方法有点像学生在考试前通过大量做题来准备考试,题库越丰富,遇到的题目越熟悉,解题速度也就越快。通过这种方式,"深蓝"能够有效地学习并不断提升其决策能力。

1.2.3 人工智能的深度学习革命

在人工智能领域,学习能力的研究逐渐成为核心主题。早期,研究者主要集中于优化算法,即电脑如何处理信息的方法,但往往忽视了数据的重要性。假设数据是电脑的学习材料,只有优质的数据,电脑才能学得更好。2006年,李飞飞教授创立了一个庞大的图片数据库ImageNet,这个数据库包含了数以万计的标记过的图片,为电脑提供了一个丰富的视觉资源库,使其能够深入学习和探索世界。随着人工神经网络技术的突破,"深度学习"这一术语随之诞生,这种方法实质上是在电脑的处理框架中增加了多层次的复杂结构,极大地提高了其处理复杂信息的能力。

2016年,谷歌DeepMind的AlphaGO AI在与韩国棋王李世石的比赛中取得了胜利。这场胜利证明了AlphaGO通过分析和学习海量的棋局数据,成就了其几乎百分之百的胜率。这种学习过程就是通过"深度学习"技术实现的,这种技术使机器能够自我学习和提高。就像教孩子辨认动物时会让他们看许多不同的动物图片一样,深度学习通过给电脑展示大量的数据——无论是图像、文本还是声音,使电脑学会识别各种模式和规律。深度学习依赖于被称为"神经网络"的结构,这种结构受到人脑工作方式的启发。神经网络有多个层级,每个层级都能处理信息的不同复杂程度。例如，在图像识别任务中，低层可能识别边缘，中层识别形状，高层则能识别具体物体如人脸或树木。

得益于互联网、大数据、云计算以及 GPU 等强大计算资源的支持，人工智能的发展速度急剧加快，深度神经网络也从实验室走向了实际应用场景。如今，人工智能能够完成图片识别、语音理解、复杂问题解答、下棋甚至自动驾驶等任务。从初步探索到现在的广泛应用，人工智能确实迎来了爆发式的增长。

1.3 常用的 AI 模型

1.3.1 OpenAI 的"ChatGPT"

在人工智能领域，ChatGPT 已成为不可忽视的力量。这一基于大规模语言模型的 AI，通过深度学习和自然语言处理技术，展现出高度拟人化的语言交流能力。它的核心在于能够理解并生成自然语言，模仿人类的思维逻辑，从而实现丰富的对话体验。那么，ChatGPT 究竟是什么？它的世界又是怎样的？

ChatGPT 是 OpenAI 所开发的基于 Transformer 架构下的一个语言模型，它的功能是专门用来生成自然对话。现在使用的是 GPT-4o，这是 OpenAI 开发的第四代大型语言模型，如图 1-2 所示。

图 1-2 GPT-4o 官网截图

在注册登录 ChatGPT 的账号之后，会来到 ChatGPT 的聊天界面，如图 1-3 所示。

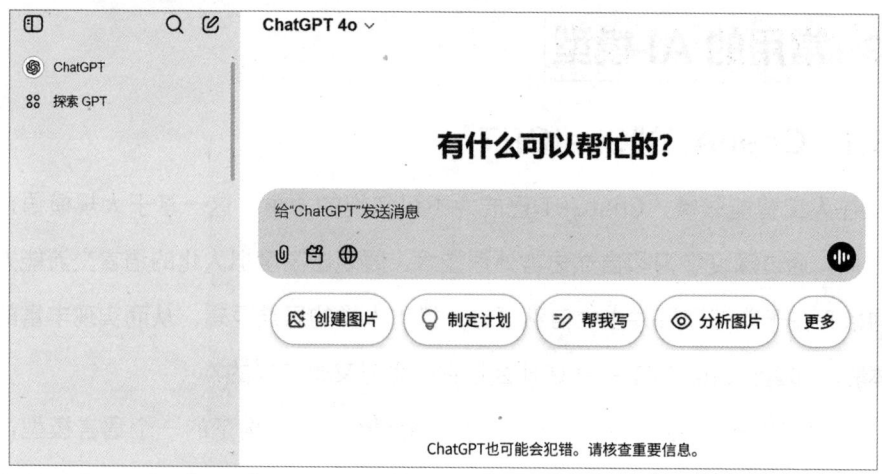

图 1-3 ChatGPT 的聊天界面

ChatGPT 的聊天界面分为左右两栏，如图 1-3 所示，左边是功能区。左侧功能区上方有两个功能，如图 1-4 所示。

左侧从上到下依次为：功能选项、探索 GPT 和历史纪录区。功能选项中左侧的小图标是左侧边栏的开关图标，点击可以隐藏左侧的功能区，只保留右侧的对话区域。右上角的小图标是"新建聊天"，如果想结束这个对话，或者开启新窗口，点击它就可以了。探索 GPT 其实就是 GPT 的自由定制版，可以量身打造自己的 AI 工具，也可以打开 GPTs 去使用别人共享的 GPT 工具，如图 1-5 所示。点击下方的历史纪录区域，登录自己的账号后，所有对话都会出现在这里，想查看之前的历史对话，点击相应对话就可以回顾整个对话了。

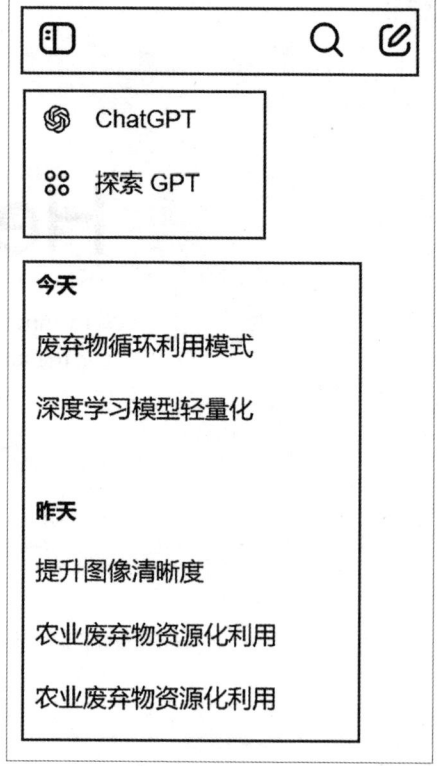

图 1-4 ChatGPT 聊天界面中的功能区

1 揭秘人工智能

图 1-5 GPTs 定制界面

右侧部分直接可以给 ChatGPT 发送消息，如图 1-6 所示，询问 ChatGPT，什么是 AI 助教，我们看看它的回答。

图 1-6 ChatGPT 对 AI 助教的理解

1.3.2 微软的"COPILOT"

COPILOT 也叫 New Bing，或者 Bing AI，它是微软推出的一种改进版的搜索引擎，整合了 OpenAI 的 GPT4 的技术，COPILOT 拥有更高效的自然语言理解与生成技术。与传统搜索引擎不同，它不仅呈现普通搜索结果，还能够处理用户的复杂提问，并提供更加翔实和精准的解答。不同于 ChatGPT，COPILOT 具备实时网络搜索功能，这使得它在用户中广受欢迎。

使用 COPILOT，可以通过搜索引擎页面的"聊天"进行访问。打开"Microsoft Edge"浏览器，输入网址 bing.com，点击右上角的"使用个人用户登录"按钮，如图 1-7 所示。

图 1-7 登录 Microsoft 的账户

输入电子邮件和密码，就可以登录 New Bing 了，如图 1-8 所示。

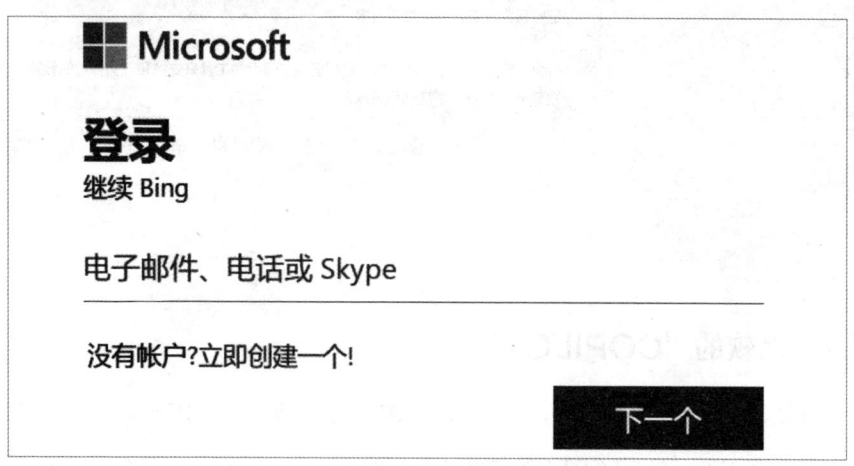

图 1-8 COPILOT 的登录界面

登录成功就可以进入聊天界面，如图 1-9 所示。

图 1-9 COPILOT 的聊天界面

仍以"AI 助教"让其回答，如图 1-10 所示。

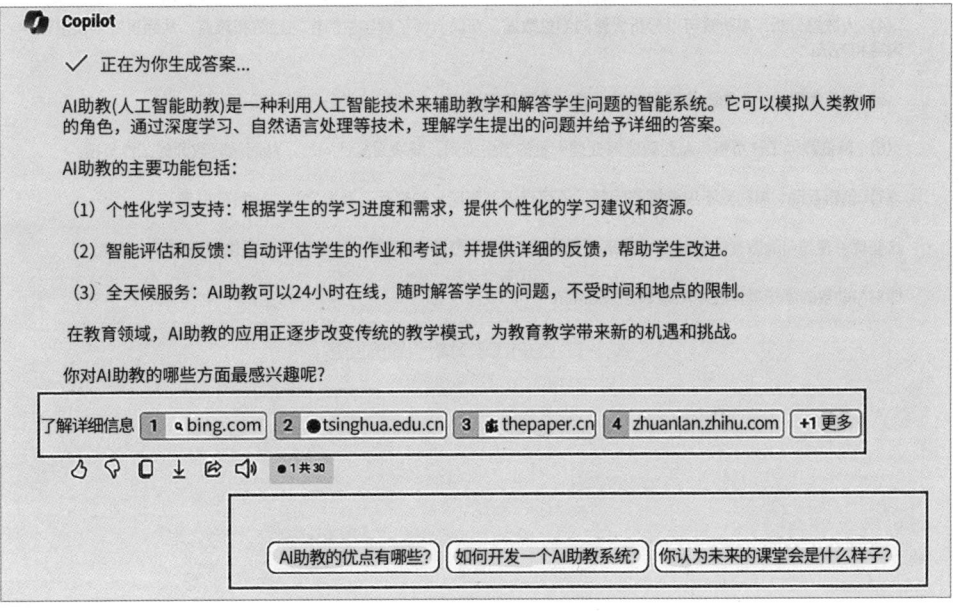

图 1-10 COPILOT 回答的内容

在 COPILOT 的聊天界面，可以点击上面方框中的网址，跳转到相关网页浏览相关的内容，在 COPILOT 对问题回答完毕之后，还会联想新的问题的模板，如图 1-10 中下面方框中的内容，COPILOT 给出了以下几个问题"AI 助教的优点有哪些？""如何开发一个 AI 助教系统？""你认为未来的课堂会是什么样子？"点击这个问题，COPILOT 就可以生成新的问题的答案了，方便更深入了解这个问题，如图 1-11 所示。

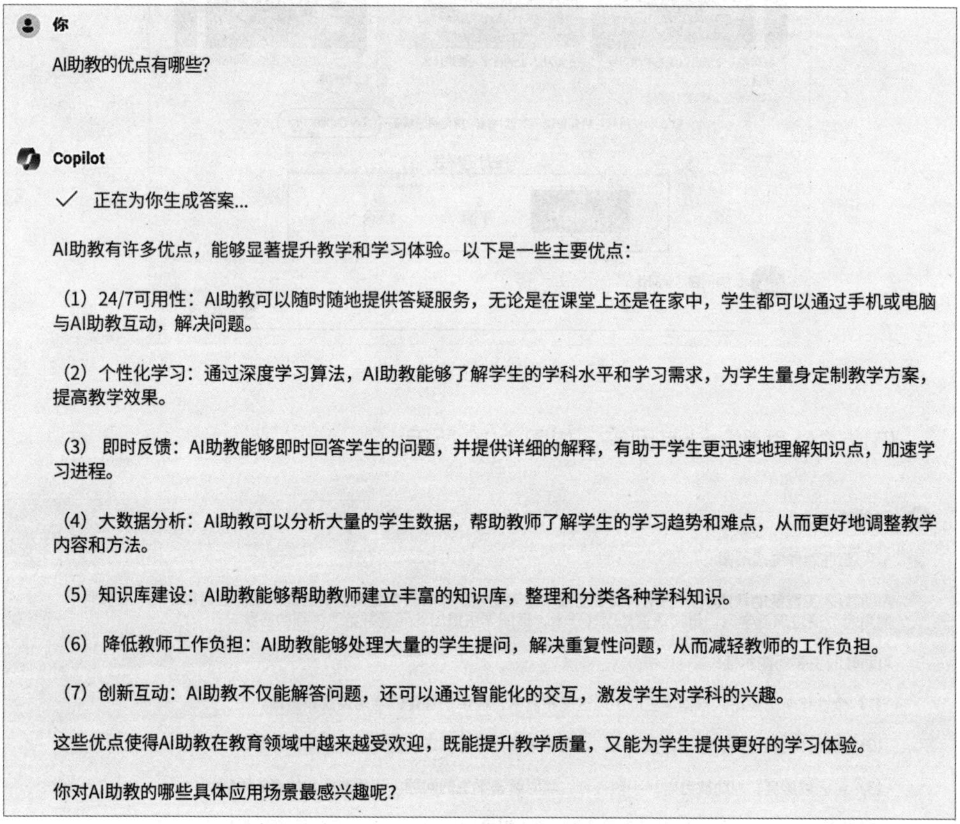

> **你**
> AI助教的优点有哪些？
>
> **Copilot**
> ✓ 正在为你生成答案…
>
> AI助教有许多优点，能够显著提升教学和学习体验。以下是一些主要优点：
>
> （1）24/7可用性：AI助教可以随时随地提供答疑服务，无论是在课堂上还是在家中，学生都可以通过手机或电脑与AI助教互动，解决问题。
>
> （2）个性化学习：通过深度学习算法，AI助教能够了解学生的学科水平和学习需求，为学生量身定制教学方案，提高教学效果。
>
> （3）即时反馈：AI助教能够即时回答学生的问题，并提供详细的解释，有助于学生更迅速地理解知识点，加速学习进程。
>
> （4）大数据分析：AI助教可以分析大量的学生数据，帮助教师了解学生的学习趋势和难点，从而更好地调整教学内容和方法。
>
> （5）知识库建设：AI助教能够帮助教师建立丰富的知识库，整理和分类各种学科知识。
>
> （6）降低教师工作负担：AI助教能够处理大量的学生提问，解决重复性问题，从而减轻教师的工作负担。
>
> （7）创新互动：AI助教不仅能解答问题，还可以通过智能化的交互，激发学生对学科的兴趣。
>
> 这些优点使得AI助教在教育领域中越来越受欢迎，既能提升教学质量，又能为学生提供更好的学习体验。
>
> 你对AI助教的哪些具体应用场景最感兴趣呢？

图 1-11 COPILOT 对新问题的回答

1.3.3 百度的"文心大模型"

文心一言（访问网址 https://wenxin.baidu.com/）是百度公司所研究的语言大模型。它也是采用对话式的聊天场景，如图 1-12 所示。文心一言有用、有趣、有温度，既能写文案、读文档，又能脑洞大开、答疑解惑，还能聆听故事、感受新声。可以与人对话、回答问题、协助创作，高效便捷地帮助人们获取知识、信息和灵感。

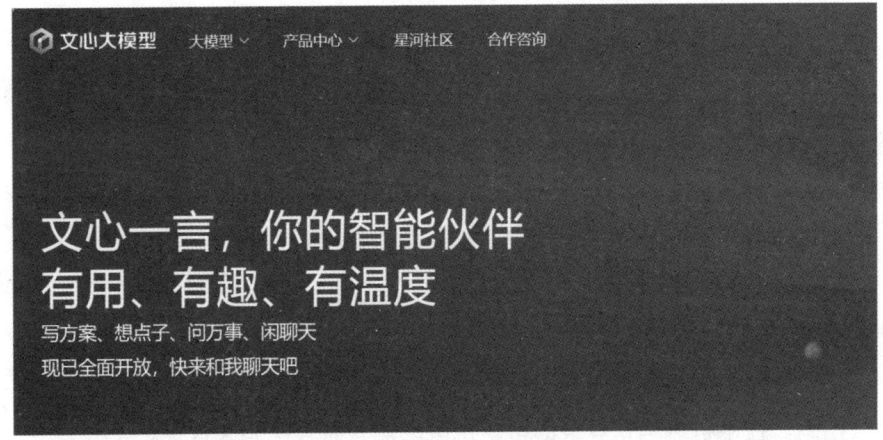

图 1-12 文心大模型主页面

如图 1-13，我们把鼠标移动到"产品中心"就会弹出下拉菜单选项，分别为"文心一言"和"文心一格"，"文心一言"为百度大模型中的聊天对话工具，而"文心一格"是其生图工具。

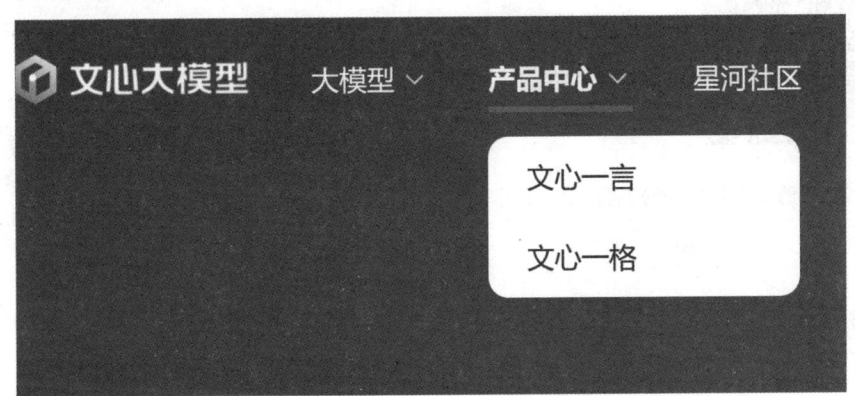

图 1-13 文心大模型的选择页面

1.3.3.1 文心一言

点击"文心一言"进入文心一言的操作界面,如图 1-14 所示。

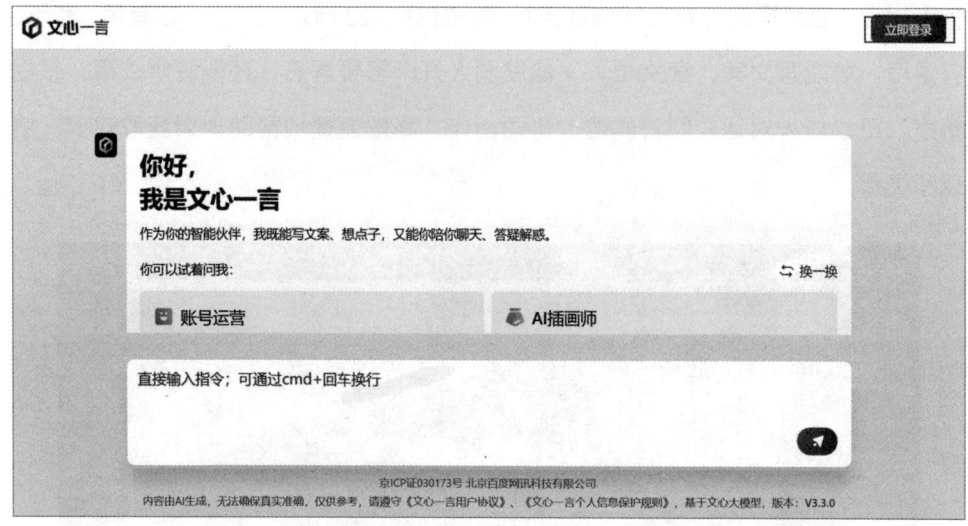

图 1-14 文心一言的操作界面

点击右上角的"立即登录"按钮。提示如图 1-15 的界面,可以使用"百度 App"扫码,在手机端确认登录即可,也可以输入账号密码来登录。

图 1-15 文心一言的登录界面

登录成功后，就可以在输入框中和文心一言进行对话了，仍以"AI 助教"为例，和文心一言对话，如图 1-16 所示。

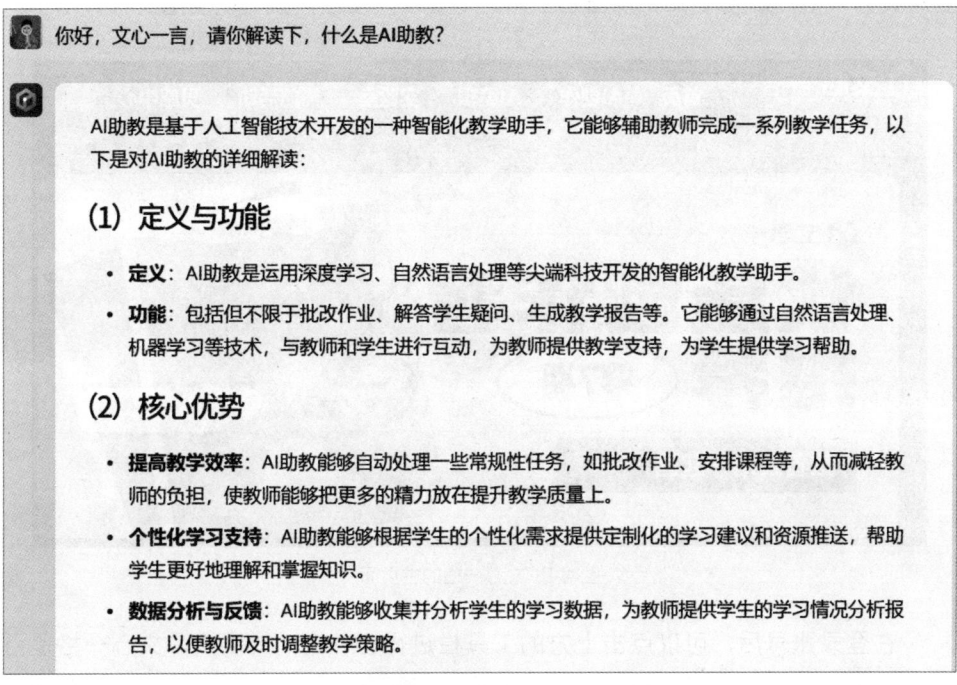

图 1-16 文心一言对 AI 助教的解释

在文心一言的对话后面，也有一些后续的问题，如图 1-17 所示，也可以继续向文心一言提问。

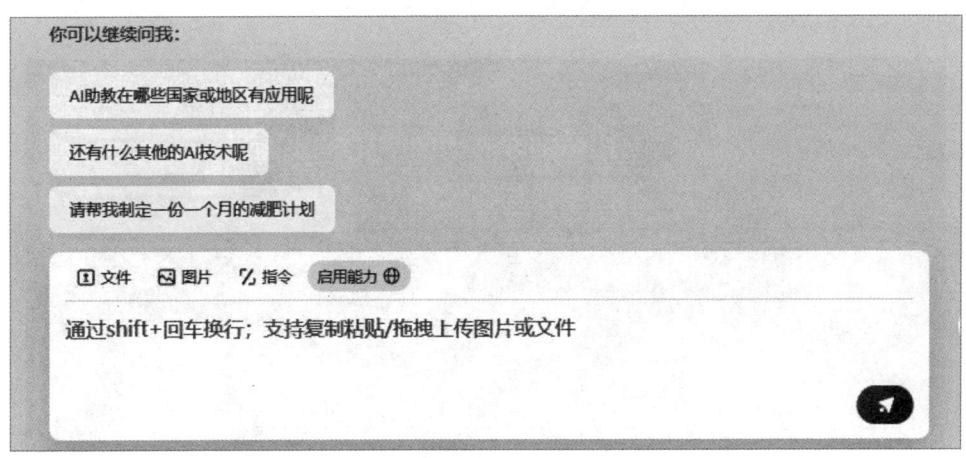

图 1-17 对文心一言后续的提问

1.3.3.2 文心一格

打开文心一格的官网（https://yige.baidu.com/），可以使用文心一言的账号登录文心一格。如图 1-18，点击右上角的"登录"按钮，就可以使用文心一格了。

图 1-18 文心一格的主页面

在登录账号后，可以点击上方的工具栏进行各种模式的切换，文心一格是百度推出的功能强大的 AI 绘画工具，它可以根据我们输入的文本内容生成艺术类的作品。

点击"AI 创作"，如图 1-19，在 AI 推荐页面，输入相应提示词，点击下方"立即生成"即可生成相关的画作，如图 1-20 所示。

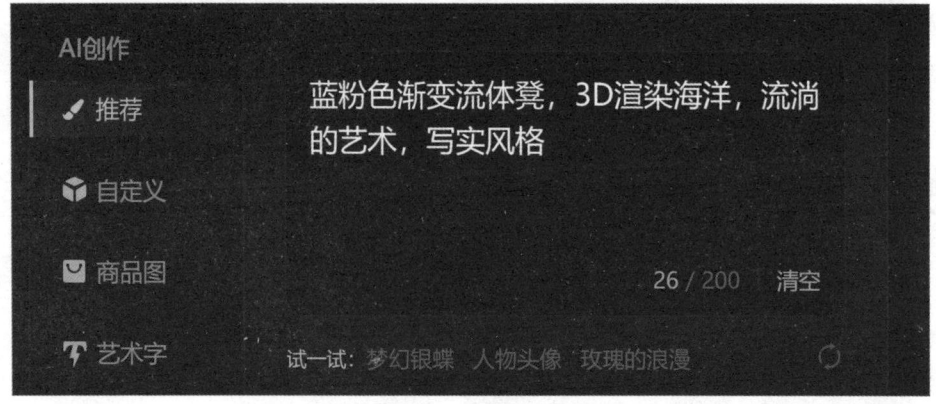

图 1-19 文心一格 AI 推荐生图页面

1 揭秘人工智能

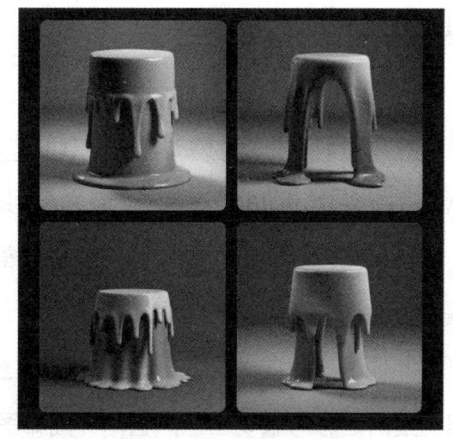

图 1-20 文心一格生成的画作

1.3.3.3 文小言

百度公司最近更新了其应用程序文心一言，现更名为文小言，并重新定位为一个"新搜索"智能助手。这次更新包括了多种新功能，如富媒体搜索、多模态输入、同时支持文本和图像的内容创造，以及高拟真数字化角色。文小言还新增了记忆功能和用户可以自定义的订阅选项。应用的最新界面可以在应用商店下载并查看，如图 1-21 所示。

可以随时随地使用文小言 App 进行对话、聊天、拍照问答、图片创作等。

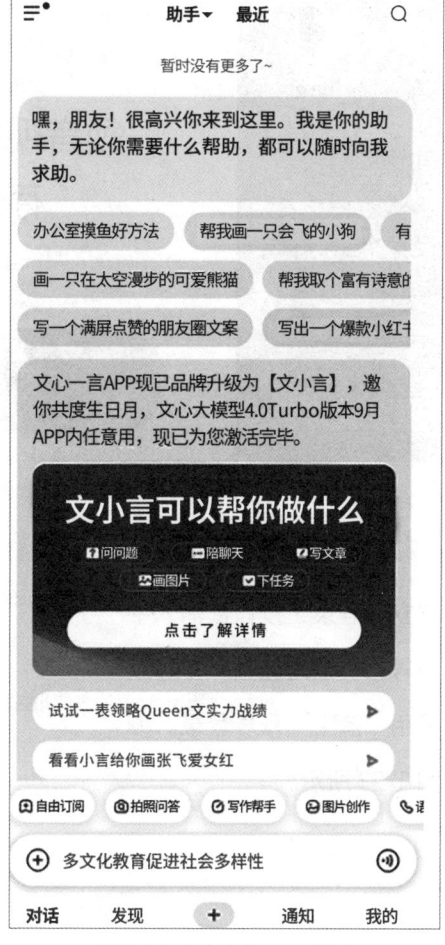

图 1-21 文小言的 App 页面

1.3.4 阿里的"通义模型"

1.3.4.1 通义千问

阿里云于 2023 年 9 月 13 日推出了一款名为通义千问的先进语言处理模型，网址为（https://tongyi.aliyun.com/qianwen/）。通义千问是一个 AI 集成助手，设计用来提高工作效率、学习成效以及生活品质。该模型具备进行复杂多轮对话的能力，并且擅长于文案撰写和逻辑分析。无论是继续撰写小说、草拟电子邮件还是进行多语言交流，通义千问均能轻松应对。此外，它的多模态理解功能也使得在处理包含图文等多种数据类型的信息时表现出色。它的界面如图 1-22 所示。

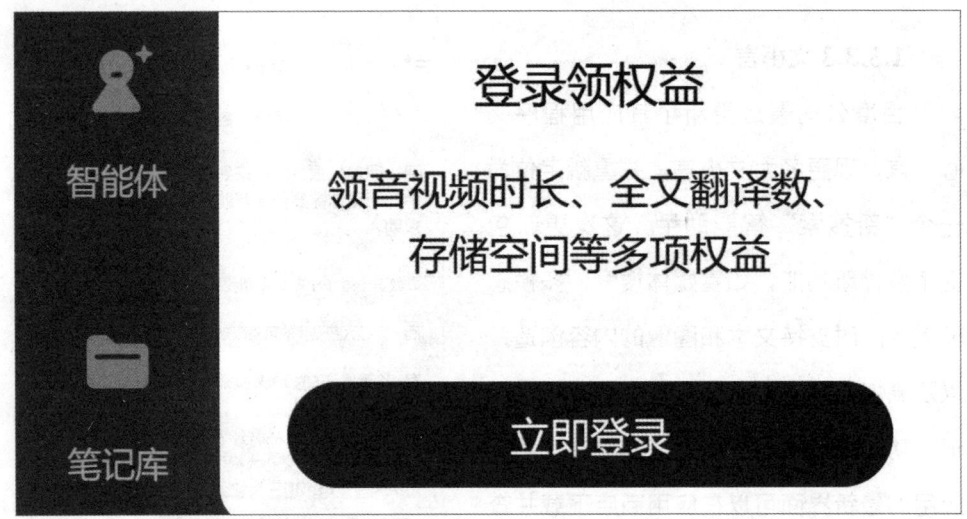

图 1-22 通义千问的主页面

点击左下角方框中的"立即登录"按钮，输入手机号和验证码登录，也可以使用"淘宝"账号登录。如图 1-23 所示。

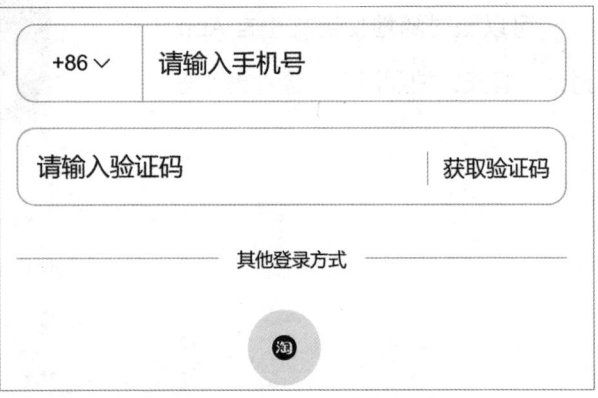

图 1-23 通义千问的登录页面

同样以"AI 助教"来询问通义千问，看看它的解答，如图 1-24 所示。

图 1-24 通义千问对"AI 助教"的解释

与其他模型不同的是，通义千问下面有一个"深度搜索"的功能，点击这个按钮，它会从网上检索出有关问题的答案，对这个问题做深度解释，如图 1-25 所示。

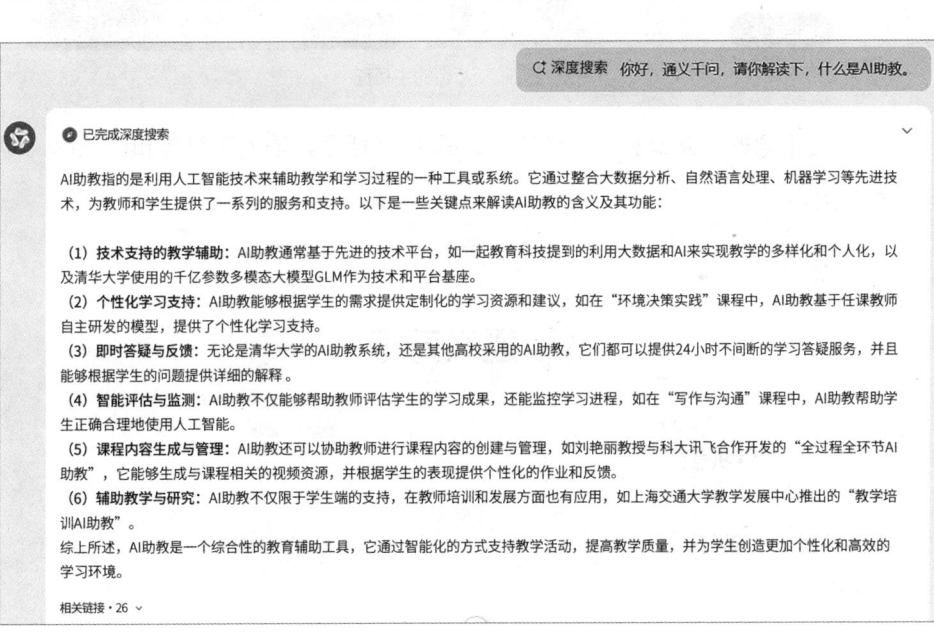

图 1-25 通义千问的深度搜索结果

1.3.4.2 通义万相

打开通义万相的官网（https://tongyi.aliyun.com/wanxiang/），即可来到通义万相的主页面，如图 1-26 所示。

图 1-26 通义万相的主页面

点击左下角的"立即登录"按钮，如图 1-27 所示，输入手机号和验证码，即可登录使用。

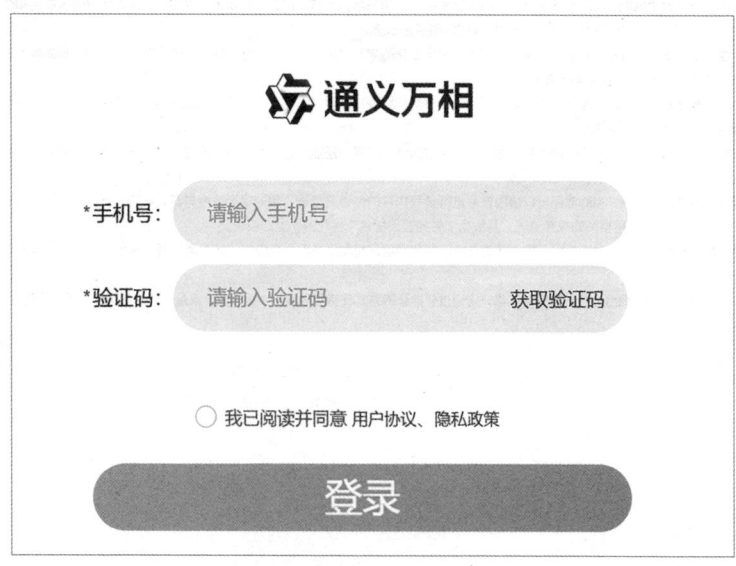

图 1-27 通义万相登录页面

在登录账号后，可以在左侧的工具栏中，选择文字作画、视频生成以及应用等，如图 1-28 所示，我们选择文字作画，即可使用提示词进行生图操作。

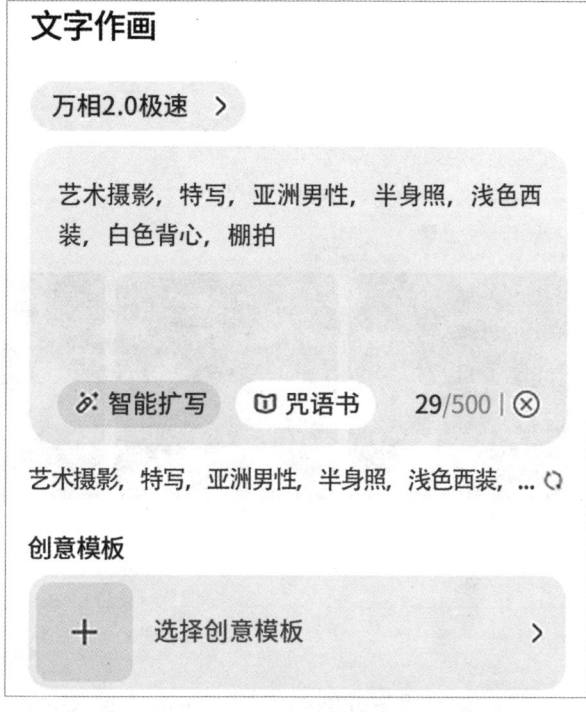

图 1-28 通义万相生图页面（1）

我们可以继续选择创意模板，如图 1-29 所示。可以选择风格或者形象等，通义万相在生图的过程中，就会匹配相应的风格。

图 1-29 通义万相生图页面（2）

选择厚涂原画风格，选定生图比例，点击下面的"生成画作"按钮，即可生成如图 1-30 的画作。

图 1-30 通义万相生图画作

可以看到所生成的画作基本保留了要求中的"厚涂原画"风格，如果对画作不满意，点击"再次生成"即可。

通义万相，还有一个视频生成的功能，点击主页工具栏中的"视频生成"就跳转到了"视频生成"的页面，如图 1-31 所示。视频生成有两个模式，分别为"文生视频"和"图生视频"。

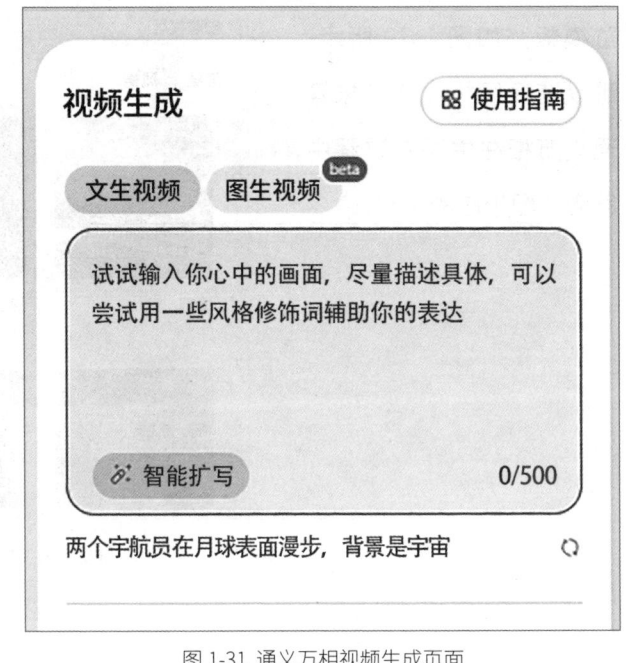

图 1-31 通义万相视频生成页面

点击"文生视频"输入如下提示词：两个宇航员在月球表面漫步，背景是宇宙。然后选定比例，点击生成视频即可。生成的视频如图 1-32 所示。

图 1-32 通义万象通过提示词生成的视频

点击"图生视频"，如图 1-33 所示，我们在视频生成页面上传参考图，在下方输入相应提示词。

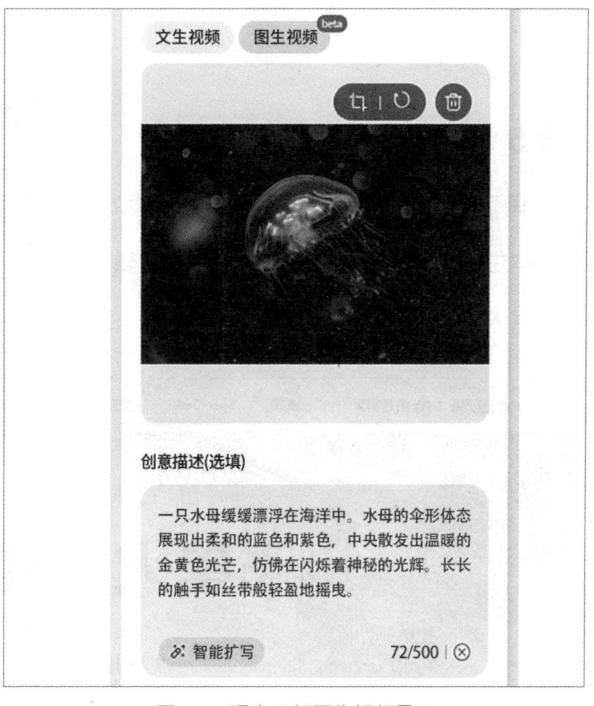

图 1-33 通义万相图生视频界面

点击生成视频，生成的视频如图 1-34 所示。

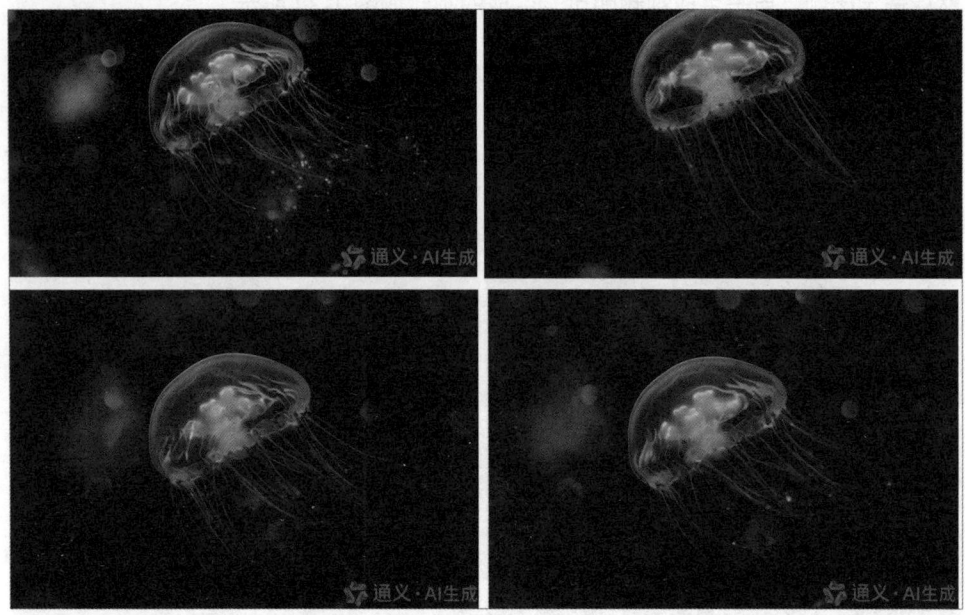

图 1-34 通义万象通过参考图生成的视频

1.3.5 科大讯飞的"讯飞星火"

讯飞星火认知大模型是科大讯飞发布的大模型。该模型具有 7 大核心能力，即文本生成、语言理解、知识问答、逻辑推理、数学能力、代码能力、多模交互。讯飞星火的界面如图 1-35 所示。

图 1-35 讯飞星火的界面

点击右上方的"登录"按钮,输入手机号和验证码,即可登录,如图 1-36 所示。

图 1-36 讯飞星火的登录页面

登录后的界面如图 1-37 所示,左侧为工具栏,登录后可以选择相应的工具栏选项,"星火对话"为常规的聊天界面,"讯飞智文"为生成 PPT 的界面,"绘画大师"为生图界面,"讯飞晓医"为健康助手页面等。可以根据自己需求,选择适合自己的功能。

图 1-37 讯飞星火的主页面

我们选择"讯飞智文"界面，在右侧聊天框中输入相关内容即可一键生成 PPT，如图 1-38 所示，输入相关内容，点击发送即可。

图 1-38 讯飞星火的 PPT 生成界面

我们可以看到，讯飞星火会为我们生成一份 PPT 的大纲，我们调整大纲中的内容后，点击"一键生成 PPT"即可。如图 1-39 所示。

图 1-39 讯飞星火一键生成 PPT 界面

之后会跳转到 PPT 的生成界面，如图 1-40 所示，PPT 完美生成。我们点击右上方的导出，即可导出完整的 PPT。

图 1-40 讯飞星火 PPT 生成的界面

在当前 AI 技术的浪潮中，众多语言模型纷纷出现，各具特色。OpenAI 开发的 ChatGPT 以其卓越的对话技术和深入的知识理解能力而出名；Microsoft 推出的 New Bing 不仅仅是搜索引擎，还能作为深度对话的聊天伙伴。百度推出的"文心一言"则强调其在中文处理方面的强大能力，被广泛应用于许多智能化场景中。阿里云推出的"通义千问"主要提供专业知识服务和解决方案。讯飞星火主要侧重于知识问答和内容创作、翻译以及 PPT 生成等。这些模型不仅在学术研究、商业场景及日常生活中发挥了巨大作用，还以独特的方式优化了人类的交流与互动，使技术与日常生活的结合更加密切。在日常工作中，可以利用这些模型的优势来提升日常的工作效率。

2

AI 能为老师和学生做什么

AI 的高速发展正在潜移默化地改变我们的生活，教育领域也不可避免地受 AI 的影响，那么 AI 能为老师和学生做些什么呢？

2.1 教育界的新宠儿

对于学生而言，AI 带来了个性化的学习体验，通过大数据分析和机器学习，量身定制教育资源，满足不同学生的需求和学习节奏，极大地激发了学习兴趣，提升了学习效果。对于教师来说，AI 是不可或缺的智能助手，它能够自动处理烦琐的教学管理任务，如批改作业、记录成绩、监测学生表现等，使教师从重复性的工作中解放出来，将更多的时间和精力投入教学创新和学生关怀中。

AI 技术的应用大幅提升了教育资源的可获取性，打破了时间和空间的限制，即使在偏远的地区，学生也能享受到世界一流的教育资源。更令人振奋的是，AI 为教师的专业发展提供了崭新的途径，通过虚拟现实等先进技术，教师可以进行教学模拟和技能训练，不断提升自身的教学水平。除此之外，AI 的预测分析功能使教学变得更加科学和精准，教师能够提前预判学生的学习成效和潜在风险，及时调整教学策略，确保每个学生都能获得最佳的学习体验。可以说，AI 正在引领一场前所未有的教育革命，为教育的未来描绘出无限的可能性和发展空间。

2.1.1 个性化学习工具的发展

每个学生都拥有一位专属的私人导师，时刻了解他们的学习进度、兴趣爱好和薄弱环节，为他们量身定制最适合的学习计划。这已不再是科幻小说的情节，而是 AI 技术赋能教育的现实场景。个性化学习工具的发展，正在彻底改变传统的教育模式，为学生提供前所未有的学习体验。

人工智能通过强大的数据分析能力，深入挖掘每个学生的学习行为和习惯。无论他们在哪些知识点上卡壳，还是在哪些题目上频频出错，AI 都能精准捕捉到这些细节。基于这些数据，AI 为学生定制专属的学习路径，提供最符合他们需求的教育资源，真正实现了教育的个性化和精准化。

传统教学中教师经常需要面对几十名学生，很难兼顾每个人的差异。有了 AI 的辅助，学生可以享受到高度个性化的学习体验。如果某位学生在数学中的函数部分表现较弱，系统会自动推荐相关的教学视频、练习题和互动课程，帮助他加强理解和掌握。对于那些学习进度较快的学生，AI 则会提供更具挑战性的内容，激发他们的潜能，防止他们因缺乏挑战而感到厌倦。

不仅如此，AI 还能实时监测学生的学习状态，提供即时反馈。当学生在某个概念上出现困惑时，系统可以立即给出解释或提示，避免问题的积累和延误。这种即时性和针对性的提升，使得学习过程更加高效和流畅，学生的学习效率和效果得到了显著的提高。

对于家长和教师来说，AI 也是强有力的助手。家长可以通过应用程序了解孩子的学习进展，查看详细的数据报告，及时发现并解决问题。教师则可以利用 AI 提供的分析结果，更有针对性地调整教学策略，关注每个学生的独特需求和发展，真正做到因材施教。

在市场上，个性化学习工具已经成为一股热潮。各大教育科技公司纷纷推出基于 AI 的学习平台和应用，满足日益增长的个性化教育需求。这不仅为学生和家长带来了福音，也为整个教育行业注入了新的活力和商机。教育的未来，正因为 AI 的加入而变得更加多彩和富有前景。AI 通过数据分析和机器学习，正在为教育领域带来革命性的变化。

2.1.2　资源可获取性的提升

在传统的教育模式中，学生获取知识的机会往往受限于地理位置和学校的资源，特别是在偏远地区，教育资源的匮乏常常导致教育质量的不均衡。然而，随着人工智能的进步，这种情况正在发生显著的变化。AI 的应用极大地提高了教育资源的可获取性，在线课程和虚拟实验室等数字学习工具的普及，正在打破传统的教育壁垒。

人工智能技术使得高质量的教育内容可以被数字化，通过互联网传输到世界的每一个角落。无论是生活在大城市的学生，还是身处偏远山区的孩子，只要有网络连接，就能轻松获取同等的学习资源。这项技术在在线课程的设计和提供上发挥了巨大的作用。AI 不仅能根据学生的学习进度和风格调整课程内容，还能在必要时提供额外的学习支持，确保每位学生都能跟上进度。

虚拟实验室是另一项革命性的教育工具，它允许学生在完全模拟的环境中进行科学实验。对于那些无法承担昂贵实验设备的学校来说，这尤为重要。通过虚拟实验室，学生可以不受物理和经济限制，安全地进行各种实验，探索科学的奥秘。这种方式不仅降低了实际操作的风险，也极大地扩展了实验教学的范围和深度。

AI 在教育中的应用还包括智能推荐系统。这些系统能够分析学生的学习习惯和偏好，推荐最适合他们的课程和材料。这样的个性化推荐，大幅提升了学习的效率和兴趣，帮助学生在庞大的信息海洋中找到最有价值的内容。

人工智能正在逐步改善教育资源分布不平等的状态，特别是在偏远和资源匮乏的地区，AI 技术使得每个学生都有机会接受优质的教育。通过这些智能工具，学生无论身处何地，都能享受到与世界顶级教育机构相媲美的教学资源。这不仅是技术进步的胜利，更是教育公平化的重大进步。

2.1.3 教师专业发展

人工智能不仅改变了学生的学习方式，也在悄悄地影响着老师们的专业发展。AI 技术为老师们提供了全新的培训和成长途径，帮助他们提升教学技巧和策略，适应现代教育的需求。

通过虚拟现实技术，老师们可以在高度模拟的教学环境中进行练习和演练。

这种虚拟课堂可以模拟各种教学场景，比如处理课堂上的突发情况、应对不同学习风格的学生，或者尝试新的教学方法。这样一来，老师们不用面对真实课堂的压力，就能积累宝贵的教学经验，提升自己的教学能力。

人工智能还可以为老师们提供个性化的专业发展计划。通过分析老师的教学风格、学生反馈和课堂数据，AI可以为每位老师量身定制培训方案。比如，如果某位老师在课堂管理上遇到困难，系统会推荐相关的培训课程、研讨会或者教学资源，帮助他提升这方面的技能。

在课堂上，通过使用智能设备可以记录教学过程，捕捉老师的讲解、学生的反应和互动情况。课后，老师们可以通过AI生成的报告，了解自己的优势和不足。这种基于数据的反馈，比传统的自我评估或他人评估更加客观、详细，有助于老师们有针对性地改进教学。

老师们可以通过这些平台，与全球的同行分享经验、讨论教学策略。AI会根据老师们的兴趣和需求，推荐相关的讨论话题、研究成果和教学案例，促进同行之间的知识共享和共同成长。

人工智能为老师们的专业发展提供了丰富的支持和资源。通过虚拟现实模拟、个性化培训方案、数据反馈和全球化的交流平台，老师们能够不断提升教学水平，适应不断变化的教育环境。这不仅有助于他们的个人成长，也能为学生提供更优质的教育体验。

2.1.4　预测分析的应用

人工智能在教育行业中的一个重要应用就是预测分析。AI通过收集和分析学生的学习数据，预测他们的学习效果和可能遇到的学业风险，对老师来说，这真是个大帮手。

因为老师们平时要照顾很多学生，所以说很难时刻关注每个人的学习状态。AI可以实时监测学生的学习进度、作业完成情况、考试成绩等各种数据。AI通过对这些数据的分析能发现哪些学生在某些科目上可能有困难，或者在哪些知识点上需要更多的帮助。

如果某个学生最近在数学考试中成绩下滑，作业完成率也降低了，AI系统会汇总这些信息，提醒老师这个学生可能在数学上遇到了麻烦，需要及时关注，老师就可以有针对性地提供辅导，帮助他解决问题。

AI还能预测整个班级的学习趋势，帮助老师调整教学策略，如果发现大部分学生在某个章节的理解上都有困难，老师就可以花更多时间讲解这个部分，或者尝试不同的教学方法，提高大家的理解程度。

AI还能根据学生的学习习惯和表现，提供个性化的学习建议，对于学习积极、进步快的学生，AI可以推荐更有挑战性的内容，激发他们的潜力。对于需要更多帮助的学生，AI会提供额外的练习和指导，帮助他们跟上进度。

2.2 教学与学习的大革命

随着人工智能技术的深入应用，从课堂的每个角落到远程教育的广阔网络，每一处都充满了创新的气息。现代教育技术不仅增强了教学的互动性和适应性，还为学习过程带来了前所未有的个性化体验。我们的学习环境变得更加智能和富有洞察力，使教育者和学习者之间的联系更加紧密。这场教学和学习的大革命，正在开启知识探索和智慧发展的新篇章。

2.2.1 自适应学习系统

自适应学习系统，这个听起来有点像未来学校里的高科技玩意儿，实际上已经悄悄走进了教室。这种系统应用最尖端的技术，根据每位学生的实际学习情况来调整教学内容和难度，确保每个学生都能在最适合自己的节奏下学习。

可以设想这样一个场景：小明在数学课上学习分数加减，系统通过分析他解题的速度和准确度，发现他在分母不同时进行通分的步骤上有些困难。于是，自适应学习系统自动调整接下来的练习题，增加了更多关于通分的练习，同时减少了他已经掌握得很好的加减法基础题。这样的调整使小明能够在掌握难点的同时，不会感到无聊或者沮丧。

这个系统的核心在于实时反馈和个性化学习路径的设计，通过收集学生在学习平台上的互动数据，系统能够实时分析学生的学习状态，比如他们在哪些概念上花费了更多时间，哪些题目答错了，以及哪些部分似乎是轻而易举就掌握了的。然后，系统使用这些信息来调整课程内容，确保它既不会过于困难，也不会过于简单，恰到好处地匹配学生的实际能力和学习需求。

除了调整难度，自适应学习系统还能够推荐个性化的学习资源。比如说，如果某个学生在理解几何证明的逻辑上有困难，系统可能会推荐一些视频教程，或是通过图形和动画来帮助他们更好地理解。这种高度定制的学习经验，使得学习不再是一种单向的灌输，而是一种互动和个性化的探索过程。

系统的智能不仅仅体现在它能够调整教学内容，还在于它如何通过分析大量数据来不断优化教学策略。这背后是复杂的算法和机器学习技术的支持，它们使得系统能够从成千上万的学习交互中学习和进化。教师们也可以通过系统提供的数据洞察，更好地理解班级整体的学习进度和每位学生的具体需求，从而进行更有效的课堂管理和辅导。

对学生来说，这种系统带来的好处是显而易见的。它不仅提高了学习效率，还让学习变得更加有趣和富有成就感。学生能够得到及时的反馈和支持，即使是在家自学，也能感觉像是有一位私人老师在旁边指导。更重要的是，这种学习方式培养了学生的自主学习能力，让他们学会如何管理自己的学习进度，如何独立解决问题。

2.2.2　协作式学习平台

协作式学习平台通过整合人工智能技术，正逐步成为教育领域中的一个革命性力量。这类平台的设计初衷是打破传统的教育模式，促进学生之间的交流与合作，同时利用 AI 的强大功能，为团队项目和讨论提供智能化的支持。

想要了解协作式学习平台是怎样工作的，我们可以从一个具体的例子说起。在这样的平台上，学生们可以加入不同的虚拟房间或团队，这些空间内提供了一系列工具和资源，使得学生可以实时交流、共享文件、同时编辑文档，甚至进行视频会议。学生们可以在老师的指导下，或者完全独立地，一起解决问题或完成项目。

AI 技术在这一过程中扮演了什么角色呢？首先，它可以帮助匹配合适的团队成员。通过分析学生的学习历史、技能特长和行为偏好，AI 能够推荐最合适的团队配置，确保每个团队都有多样的能力和想法，从而提高团队的整体工作效率和创造力。

AI 还能实时监测团队的协作状态，比如哪些成员贡献较多，哪些成员可能需要更多的帮助。这样的数据可以帮助教师更有效地进行指导，也可以促使学生自我反思，改进他们的协作方式。

再来看 AI 如何支持团队讨论。在讨论中，AI 可以充当一个信息的搜集者和整理者。例如，当学生们围绕一个复杂的问题进行讨论时，AI 可以实时提供相关信息，引导学生找到问题的关键点。在学生们讨论的过程中，AI 可以分析他们的对话内容，推送相关的学习材料或案例，甚至在讨论中引入问题提示，激发更深层次的思考。

AI 还可以通过分析讨论的内容，评估团队协作的质量和效果，提供改进的建议。比如，在一个设计项目的讨论中，如果 AI 检测到某些关键的设计原则没有被讨论到，它可以提醒团队成员，或者提供额外的资源来补充知识的空缺。

最后，不得不提的是，协作式学习平台通过提供一个模拟真实世界的工作环境，为学生的未来职业生涯做好准备。在这种环境中，学生不仅能学习知识和技能，更重要的是学会了如何与不同背景的人合作，如何在团队中发挥自己的长处，如何共同解决问题。这些经验对于任何职业来说都是宝贵的财富。

2.2.3　增强现实与虚拟现实的应用

在教育领域中，增强现实（AR）和虚拟现实（VR）技术已经开始扮演越来越重要的角色，尤其是在提供沉浸式学习体验方面。这些技术不仅仅是新鲜的玩具，而是真正的教学工具，能够将抽象的概念变为直观的体验，让学习变得更加生动和有效。

让我们探讨一下增强现实技术。AR 通过在用户的现实世界视野中叠加数字信息来增强对周围世界的感知。在教育中，这意味着学生可以通过平板电脑、智能手机或专用 AR 眼镜看到与课本内容相关的 3D 模型或动画。例如，在生物课程学习过程中，学生可以使用 AR 技术来观察一个细胞的 3D 模型，看到各个细胞器如何在细胞内移动和交互,从而获得比传统教科书更深刻的理解。

在实验教学中,AR技术提供了一个安全且成本效益高的实验环境。学生无需使用真实的化学物质即可进行化学实验,他们可以通过AR技术在虚拟环境中混合化学物质,观察可能的化学反应,且完全不必担心安全问题或实验材料的成本。这种方式不仅减少了实际操作的风险,还提升了容错率且不必担心造成不可挽回的后果。

接下来是虚拟现实技术,VR通过创造一个全新的数字世界来提供完全沉浸式的体验。学生们戴上VR头盔后,可以进入一个完全由计算机生成的虚拟环境,不受现实世界的限制。在历史教学中,这意味着学生可以穿越回古埃及,亲眼见证金字塔的建造,或者站在罗马斗兽场中央,观看一场史诗般的角斗士战斗。这种体验可以极大地增强学生对历史事件的兴趣和理解,让历史课不再是枯燥的记忆日期和事件,而是成为一次刺激的探险。

通过与历史学家和考古学家的合作,VR可以帮助我们重建已经不复存在或已经严重损毁的历史遗迹。学生们不仅可以在VR中探索这些古老的遗址,还能亲眼看到它们在历史上的真实样貌,这种沉浸式的学习体验是任何传统教学方法无法比拟的。

在技术操作上,VR和AR体验通常需要一定的设备支持,如VR头盔、AR应用程序以及相对应的软件和硬件。尽管初期投资可能较高,但随着技术的成熟和普及,这些成本正在逐渐降低。教育机构开始认识到这些技术的长期好处,包括提高学生的参与度、增强学习效果以及激发学生的创造力和想象力。

2.2.4 智能评估系统

智能评估系统听起来可能像是未来学校的一部分,但它已经在教育领域中占据了一席之地,为我们提供了全新的视角来了解学生的学习成效。通过利用AI,这些系统能够提供深入且细致的学生学习成果评估,从而彻底改变传统的考试和评估方式。

　　智能评估系统通过分析学生在学习平台上的行为来评估他们的理解深度和概念掌握情况。这不仅仅是看他们的答题正确与否，更重要的是分析他们解题的过程。例如，系统可以监控学生在解决数学问题时的步骤，判断他们是否只是记住了公式还是真正理解了背后的数学原理。这种深度的分析帮助教师了解学生在学习过程中的真实表现，而不仅仅是最终的成绩。

　　这些系统还利用机器学习算法来识别学生的学习模式和潜在的理解障碍。通过长时间的数据积累和分析，AI 可以预测学生可能会在哪些领域遇到困难，并提前提供定制化的辅导或额外的学习材料。这种预测性的干预可以极大地提高学生的学习效率和成果。

　　智能评估系统还可以进行实时反馈，与传统的期末考试相比，这种系统可以在学生学习的每个阶段提供反馈，让学生及时了解自己的进步和不足。这种即时反馈对于学生的学习动机和自我调整极为重要。例如，如果一个学生在历史课的某个特定主题上表现不佳，系统可以立即提供相关的视频讲座、阅读材料或互动练习，帮助他们克服困难。

　　智能评估系统还能提供更公平和客观的评分标准。人工智能可以消除人为评分时可能存在的偏见，确保每个学生的努力都被公正地评价。这对于提高评估的透明度和公正性具有重要意义。

　　在操作上，智能评估系统通常集成在学习管理系统（LMS）中，学生可以通过电脑或移动设备接入。这些系统的用户界面通常设计得非常友好，确保学生和教师都可以轻松地获取需要的信息和功能。

　　智能评估系统的应用不仅限于学术成绩的评估。在技能培训和职业教育中，这些系统也能够评估学生的实践技能和操作能力。通过模拟的工作场景和虚拟实验，AI 能够评估学生在实际工作中可能的表现，为他们的职业发展提供有力的支持。

Part 2

老师必备篇
用 AI 打造高效课堂

接下来我们将深入探讨如何利用人工智能技术彻底改变老师教学的各个方面。从备课的烦琐到课堂的活跃，再到课后的整理与反馈，AI 技术（注：本书中所使用的 AI 大模型为百度的"文心一言"，我们尽可能保留 AI 所生成的全部内容，不作任何修改，AI 所生成的内容难免会有部分错误出现，请在使用时核实重要信息。）为教师提供了便利和支持。无论是精确设定教学目标、提前分析教学难点、还是快速获取教学资源和生成教案，AI 都能让这些任务变得轻而易举。AI 的介入不仅能激活课堂氛围，还能提供即时的教学反馈，最终实现个性化学习计划的制订，大大减轻教师的工作压力。这部分内容将全面展示 AI 如何使教学工作更加高效。

Part 2

典型交通事故案例解析

3

AI 让老师备课不发愁

备课一直是教师工作中最耗时的部分之一，但现在，随着人工智能的介入，这一切都在改变。那么 AI 如何为教师们提供全新的工作方式，使得备课变得更为高效和无压力呢？通过利用智能技术，教师们可以轻松地设计课程、获取资源，并优化教学内容，从而使得整个教学准备过程变得简单和愉快。这不仅为教师节省了宝贵的时间，也使得教学活动更加有针对性和高效。

3.1 教学目标精准设定

在新课标的背景下，教学目标被赋予了更重要的地位。新课标强调以学生为中心，注重学生的全面发展。所以教学目标上提出了更高的要求。那么对于教学目标的精准设定，需要从以下三方面来着手。

3.1.1 分析学生需求

分析学生需求是教学目标设定的基础，涉及对学生学习需求、兴趣、能力和背景的全面理解。可以使用 AI 来进行内容的分析。

3.1.1.1 背景调查

背景调查主要是收集学生的基本信息，这里包括学生的年龄、他们目前的学习阶段，以及他们的文化和家庭背景。了解这些信息可以帮助我们把握学生的学习起点，以及他们可能遇到的具体困难或者挑战。这样的信息收集对于后续的教学设计和帮助每位学生都是非常重要的。

假设有三位同学的信息，如果对他们的背景进行分析，会非常困难，如下。

> （1）张伟，来自双职工家庭，父母经常加班，平时主要由祖父母照看，兴趣广泛，特别喜欢科学实验和篮球，但家庭作业完成情况一般。
>
> （2）李芳，家庭艺术氛围浓厚，母亲是画家，父亲是音乐家，因此对艺术类活动显示出极高的兴趣，学习成绩优异，但在体育活动中表现不突出。
>
> （3）王雷，父亲经常出差，母亲在本地一家医院工作，王雷独自在家的时间较长，经常阅读和玩电子游戏，社交技能有待提高，数学和科学成绩突出，但语文成绩中等。

根据上面的信息可以看出，每个孩子的情况都是不同的，如果要分析他们的个人需求，非常考验我们的信息处理能力，但是如果使用 AI，就可以对其进行精准分析。

问：
下面提供有三个孩子的信息，请对他们的背景信息进行归类总结。
孩子信息：

答：
对于张伟、李芳、王雷的背景信息，可以从几个关键维度进行归类总结：
（1）家庭构成与监护状况
张伟：双职工家庭，父母工作繁忙，日常由祖父母照顾。
李芳：父母都是艺术工作者，家庭艺术氛围浓厚。
王雷：父亲工作需要经常出差，母亲就职于医院，大部分时间孩子独处。
（2）学术与兴趣
张伟：对科学实验和篮球有浓厚兴趣，但家庭作业完成情况一般。
李芳：对艺术类活动有极高兴趣，学术表现优异，但体育活动较弱。
王雷：喜欢阅读和电子游戏，数学和科学表现好，语文相对较弱。
（3）社交与自理能力
张伟：由祖父母照顾可能影响其自我管理能力。
李芳：虽然艺术能力强，但可能在体育和可能的团队互动中不够积极。
王雷：独处时间多，社交技能发展有限。
（4）教育需求
张伟：可能需要更多结构化和监督的学习环境。
李芳：需要鼓励参与多样化的活动，包括体育，以促进全面发展。
王雷：需要在语言和社交技能上得到更多的支持和引导。

通过 AI 的总结，可以很明确地看到三个孩子的教育需求，方便在教育的过程中，设定针对他们自己的个性化目标，促进孩子的全面成长。

3.1.1.2 学习能力评估

在日常教学中，老师需要通过标准化测试来检验学生的综合能力水平，如果要制作一份合理的、适合学生的学习能力评估的试卷,无疑是非常消耗时间和精力的,所以也可以使用 AI 来帮助制作这个试卷。

问:

你好,我是高二年级的班主任老师,教授语文,现在需要对班级内的学生的学习能力做一个综合性的评估,请你从能力方面,为我制作一个合理的试卷。

答:

基于您的要求,这里是一份高二语文综合能力评估试卷的具体内容:

高二语文能力评估试卷

注意:

答题前,请仔细阅读试卷指示。

答题时间为 120 分钟。

请在答题纸上作答,除作文外,其余题目请按题号答题。

一、选择题(共 30 分)

(1)下列词语中加点的字的读音,全都正确的一项是:

A. 荒疏(shū) 络腮(sāi)胡须 拈花(huā)微笑

B. 恩怨(yuàn)分明 败兴(xìng)而归 饮泣(qì)而食

C. 安详(xiáng)的面容 呼吸(xī)平稳 紧绷(bēng)的神经

D. 翩(piān)翩起舞 大红(gōng)袍子 独具慧(huì)眼

(2)"天生我材必有用"出自哪位诗人之作?

A. 李白

B. 杜甫

C. 白居易

D. 郑燮

(3)下列各句中,没有语病的一句是:

A. 他的主要工作是负责审查和签发出口许可证。

B. 我们的产品在国内外市场上都具有很高的知名度。

C. 此次活动得到了社会各界人士的一致好评。

D. 他利用业余时间对历史很有研究。

(余下选择题略)

> 二、阅读理解（共 40 分）
>
> 现代文阅读（20 分）
>
> 阅读下面的材料，回答问题。
>
> （提供一篇约 600 字的议论文或散文，加 5 个问题）
>
> 古文阅读（20 分）
>
> 阅读下面的材料，回答问题。
>
> （提供一篇古文原文，加 10 个问题）
>
> 三、作文（30 分）
>
> 材料作文：
>
> 根据以下材料，写一篇不少于 800 字的议论文。
>
> （提供两段相关材料，要求学生结合材料内容和自己的观点进行作文）
>
> 四、应用文写作（20 分）
>
> 书信格式：
>
> 假设你是学生会主席，学校计划举行一次大型的艺术节。请你写一封信给知名的校外艺术家，邀请他来校进行演讲和表演。
>
> 五、文言文翻译（20 分）
>
> 请翻译以下文言文段落，并解释加粗字词的意思。
>
> （提供一段文言文，大约 100 字，含有 5 个加粗字词）
>
> 这份试卷旨在全面考查学生的语文基础知识、阅读理解能力、写作技巧以及对文言文的掌握程度。请根据班级具体情况调整题目难易度或内容。

由于篇幅受限，没有展示出全部内容，在日常使用的过程中，也可以随时针对某一部分，让它重新生成或者替换成其他内容等。这对我们制作一份学生能力评估的试卷，是非常有帮助的。

3.1.1.3 学习偏好分析

每个学生的学习方式不同，所以教师去了解每个学生的偏好也十分重要，可以通过分析学生的学习偏好，来为学生定制更适合他们的学习方式。在日常教学的过程中也可以使用不同的教学方法来帮助学生更有效地学习。仍以上文中三位小学生的例子来讲，我们可以直接和 AI 来进行对话。

问：

请你根据上文所列出的三位学生的教育需求以及背景信息等，从学习偏好方面来定制适合他们的学习方式。

答：

针对张伟、李芳和王雷的教育需求，可以结合他们的学习偏好来定制适合他们的学习方式。

（1）张伟

偏好：视觉型学习者

教育需求定制：

使用图表、时间线和视觉提示来帮助他组织学习材料，使学习内容更加结构化。

在作业和项目中提供明确的步骤和期望，以确保他在完成任务时有足够的指导和监督。

利用视频和多媒体资源增强课堂学习，帮助他更好地理解和记忆信息。

（2）李芳

偏好：视觉型和动手操作型学习者

教育需求定制：

鼓励她参与各种课外活动，尤其是艺术和体育，这可以帮助她在多个领域发展。

在课堂上使用角色扮演或模拟活动，让她通过实际操作来学习和理解新概念。

设计跨学科项目，如结合艺术和科学的活动，允许她利用她的创造力和多样化的兴趣。

（3）王雷

偏好：视觉型和听觉型学习者

教育需求定制：

提供丰富的读物和视听材料来满足他的学习偏好，帮助他在语言理解上取得进步。

安排小组讨论和合作学习活动，增强他的社交交往能力。

在课堂上使用讨论和故事讲述，让他在实际对话中练习和提高语言技能。

通过这些定制的学习方式，每个学生都能在一个适合自己学习偏好的环境中得到发展，同时满足他们各自的教育需求。

通过和 AI 的对话，能更清楚地了解三位同学的基本情况，从而更好地为他们定制适合他们学习的方式，方便培养全面发展的人才。

3.1.2　明确知识、能力和评估方法

当谈论设定教学目标时，实际上是在考虑三个主要方面：知识、能力和评估方法。这三者共同塑造了一个全面的教育体验。

3.1.2.1　知识目标

知识目标指的就是我们希望学生在课程结束时能掌握的核心内容。这些目标应该清晰且具体，就像在超市购物清单上写的"牛奶""鸡蛋"一样明确。我们需要挑选出课程中最关键的概念、原理和技能，并确保这些是学生真正需要掌握的东西。比如说，以生物课为例，一个知识目标可能是让学生掌握细胞的结构和功能。这个目标很具体，学生需要了解细胞的各个组成部分如细胞核、线粒体、细胞膜等，以及这些部分的具体功能和它们在维持生命过程中的作用。可以用 AI 来继续完善这部分内容。

问：

请你扮演一位中学生物老师，为学生详细讲解"细胞"，目的是让学生了解细胞的各个组成部分，以及这些部分的具体功能和他们在维持生命过程中的作用。

答：

好的，同学们，今天我们来详细了解细胞的组成以及这些组成部分在生命活动中的作用。细胞是所有生物体的基本结构和功能单位，它们虽然微小，但极其复杂和精致。我们将从细胞的主要结构组件开始讲起：

（1）细胞膜：细胞膜是细胞的外层保护层，由脂质双层组成，这层结构非常独特，可以让水溶性物质难以通过，因此细胞可以控制物质的进出。细胞膜不仅保护细胞免受外界物理和化学的伤害，还负责传递信号。

（2）细胞核：细胞核可以看作是细胞的指挥中心。它的主要功能是存储和保护遗传信息（DNA）。DNA 包含了细胞生长、分裂和正常功能所需的所有指令。细胞核中的 DNA 通过转录过程形成 RNA，RNA 再指导蛋白质的合成，这个过程称为翻译。这些蛋白质决定了细胞的结构和功能。

（3）线粒体：线粒体被称为细胞的能量站，因为它们通过氧化磷酸化过程将营养物质转化为 ATP，即细胞的能量货币。每当细胞需要能量来进行各种生化反应时，ATP 就会被消耗。此外，线粒体还参与调节细胞的生长、分裂和死亡。

> (4) 内质网：
> (5) 高尔基体：
> (6) 溶酶体：
> (7) 细胞骨架：
> ……
>
> 通过了解这些细胞组成部分及其功能，我们可以看到，细胞是一个高度组织化和协调的单位，每个部分都有其独特的角色，共同维持细胞乃至整个生物体的生命活动。希望这个介绍能帮助大家更好地理解细胞的奇妙和复杂性。下节课将通过实验来观察这些细胞结构。准备好了吗？我们下次见！

3.1.2.2 能力目标

对于学生能力培养方面，作为教师需要帮助他们发展他们自己的思考方式，让他们学会如何利用他们学到的知识来解决问题、进行有效沟通、更好地和他人协作。以小学生所学习的科学课为例，假设要学习关于可持续能源的知识，对于这方面知识的能力目标是要让学生分析这些能源技术在不同环境下的成本效益和适用性。那对于这方面，AI可以如何帮助我们呢？

> **问：**
>
> 假设你是一位教授小学生科学课的教师，我们要让学生通过了解可持续能源的知识来让他们了解这些能源技术在不同的环境下的成本效益和适用性，请你来设计一个项目实践活动来达成这个目标。
>
> **答：**
>
> 假设我是一名教授小学生科学课的教师，我会设计一个名为"小小能源专家"的项目实践活动，旨在让学生通过实践和研究来了解可持续能源的知识、成本效益以及在不同环境下的适用性。以下是活动的设计方案：
>
> 活动目标
> 增强学生对可持续能源的基本理解。
> 分析不同能源技术的成本效益和适用性。
> 培养学生的研究能力、团队合作和演讲技巧。

活动步骤

第一步：引入基础知识

课堂讲解：介绍什么是可持续能源，包括太阳能、风能、水能和生物质能等基本类型。

视频观看：播放一些关于可持续能源项目的短片，让学生看到这些技术在实际中的应用。

第二步：小组分工

分组讨论：将学生分成小组，每组选择一种可持续能源进行深入研究。

角色分配：每个小组成员分配具体任务，如信息搜集员、记录员、报告撰写员等。

第三步：研究和实地考察

研究任务：每个小组收集其选择的能源类型的相关信息，特别关注其在不同环境下的适用性和成本效益。

实地考察（如果可行）：参观附近的可持续能源项目（如太阳能板或风力发电场），或邀请相关领域的专家来校举办讲座。

第四步：制作展示材料

制作模型或演示板：每个小组制作一个关于其研究能源的模型或演示板，展示它们的工作原理、成本效益分析及适用环境。

准备展示：准备口头报告，解释他们的发现和推荐。

第五步：展示与评估

班级展示：每个小组向班级展示其研究成果，其他学生和教师提问，给予反馈。

评估与讨论：基于展示的内容、研究的深度和团队合作，进行评估和总结讨论。

活动结束

反思与改进：学生写下他们在这个项目中学到的东西以及他们认为可以改进的地方。

表彰优秀表现：对展示优秀的小组进行表彰，鼓励学生在未来的学习中继续发挥团队精神和创新思维。

通过这样的项目实践活动，学生不仅能学到关于可持续能源的知识，还能通过实际操作和团队合作来深化理解，同时增强他们解决实际问题的能力。这样的学习体验对于他们的全面发展是非常有益的。

3.1.3 设计评估方法

在教学中，为了全面了解学生的学习情况和目标的达成程度，教师通常需要使用多种评估的手段，从很多角度来了解学生知识的掌握以及技能运用情况。那么对于这些评估就需要有一套完备的评估方法，也可以使用 AI 来帮助我们。

问：

在我的教学活动中，为了全面了解学生学习情况和目标达成度。我想设定一套完备的评估方法。其中包括作业、考试、课堂表现、小组讨论和项目完成的情况以及我没有提出来的各种适用的评估手段，请你综合这些内容，形成一套完备的评估方法，并为我展现出来。

学生群体：初中二年级。

学生人数：30 人。

答：

为了让评估方法更具体化和富有操作性，我们可以细化上述评估体系，针对初中二年级 30 名学生进行定制。以下是每个评估部分的具体实施细节：

（1）作业评估

周期：每周二次，每次涵盖不同科目。

标准：评分标准明确，如 100 分制，根据答案的正确率、逻辑性和创造性给分。同时，检查格式和是否按时提交。

反馈：每次作业在下次课前批改完毕，提供书面反馈。

（2）考试评估

安排：期中和期末各一次全面考试，每个单元结束后进行一次小测验。

内容：考试包括客观题（如选择题、判断题）40%，主观题（如简答、计算题）60%。

记录：考试成绩录入学生档案，分析趋势并在家长会上讨论。

（3）课堂表现评估

记录表：创建电子表格记录每个学生的出勤、发言次数、课堂活动参与度。

评分：每月课堂表现打分，满分为 10 分，低于 6 分需要单独反馈和家长通讯。

（4）小组讨论和互动评估

频次：每两周组织一次小组讨论，围绕课程内容或当前热点问题。

评分：依据学生的活跃程度、贡献内容的质量和团队互动表现进行评分，每次讨论后小组内部进行互评。

（5）项目完成情况评估

项目主题：每学期结束前，进行一次大型的跨学科项目，如"环保科普活动"。

评估细则：项目按照创意（20%）、研究和内容质量（30%）、团队合作（20%）、时间管理（10%）、项目展示（20%）进行评分。

（6）自我评估和同伴评估

自我评估表：设计自评表，让学生每月填写一次，包括自我评价学习效果和行为习惯。

同伴评估：在小组项目后进行，使用简单的评分表，包括合作态度、贡献度等。

（7）教师的观察和反馈

观察记录：教师日常观察学生的行为、情绪和学习态度，记录在学生的个人档案中。

家长沟通：定期（如每学期一次）通过家长会或电子邮件形式，将观察和评估结果反馈给家长。

这套评估方法通过多角度的观察和反馈，能全面了解每位学生的学习和成长情况。不仅帮助学生及时调整学习策略，也让教学更加贴合学生的实际需求，真正实现因材施教。

3.2 教学重难点提前分析

在教学过程中，几乎每节课都会有它的教学重点和难点。

重点是指在某个学科或课程中最基本且最关键的知识点和技能。这些重点内容通常是理解该学科更广泛概念和理论的基础，对学生掌握整个学科至关重要。确定教学重点不仅依据知识点本身的重要性，还考虑这些知识点对学生未来学习和发展的潜在贡献。

而难点指的是在教学过程中学生最难理解和掌握的部分，通常包括抽象复杂的概念、容易引起混淆的知识点或新旧知识之间的衔接问题。这些难点可能因其本质属性的隐蔽性、结构的复杂性，或是涉及新的观点和方法而难以被学生直接理解。

教学中的重难点，也是老师在备课过程中格外的关注点。教学的难点和重点有时候是一致的，有些内容对掌握某一部分的知识或者解决某一类的教学问题起着决定性的作用，这些内容就是教学的关键。它是教学活动中解决主要问题的着手点，也可以说成是教学重点中的重点。所以本节内容中，将教学重难点放到一起来分析。

以古文范仲淹的《岳阳楼记》为例，先看原文：

> 庆历四年春，滕子京谪（zhé）守巴陵郡。越明年，政通人和，百废具兴。乃重修岳阳楼，增其旧制，刻唐贤今人诗赋于其上。属（zhǔ）予（yú）作文以记之。
>
> 予观夫（fú）巴陵胜状，在洞庭一湖。衔远山，吞长江，浩浩汤汤（shāng），横无际涯；朝晖夕阴，气象万千。此则岳阳楼之大观也。前人之述备矣。然则北通巫峡，南极潇湘，迁客骚人，多会于此，览物之情，得无异乎？
>
> 若夫淫雨霏霏，连月不开；阴风怒号，浊浪排空；日星隐曜（yào），山岳潜形；商旅不行，樯（qiáng）倾楫（jí）摧；薄（bó）暮冥冥，虎啸猿啼。登斯楼也，则有去国怀乡，忧谗畏讥，满目萧然，感极而悲者矣。
>
> 至若春和景明，波澜不惊，上下天光，一碧万顷；沙鸥翔集，锦鳞游泳，岸芷（zhǐ）汀（tīng）兰，郁郁青青。而或长烟一空，皓月千里，浮光跃金，静影沉璧；渔歌互答，

此乐何极！登斯楼也，则有心旷神怡，宠辱偕忘，把酒临风，其喜洋洋者矣。

嗟（jiē）夫（fú）！予（yú）尝求古仁人之心，或异二者之为，何哉（zāi）？不以物喜，不以己悲；居庙堂之高则忧其民；处（chǔ）江湖之远则忧其君。是进亦忧，退亦忧。然则何时而乐耶？其必曰："先天下之忧而忧，后天下之乐而乐"乎。噫（yī）！微斯人，吾谁与归？

时六年九月十五日。

这篇文言文的重点是：积累重要的文言词语。

难点是：理解文中"心忧天下"的思想。

可以直接和 AI 聊天，询问 AI 这篇文章的重要文言词语有哪些。

问：

请你帮我总结一下，《岳阳楼记》中重要的文言词语，并对这些词语做深度的讲解。

答：

文中使用了许多文言词语，每个词语都承载着丰富的意义和历史文化背景。下面将对一些关键的文言词语进行深度解释：

（1）谪（zhé）：这个词语在文中表示"被贬谪"，是古代对官员的一种处罚，即降低其职位并调离原工作地，通常是被派往边远地区。在《岳阳楼记》中，谪守巴陵郡描述了滕子京因政治原因被贬到巴陵郡任职。

（2）属（zhǔ）：这里的"属"指的是托付或命令。范仲淹在文中提到"属予作文以记之"，意为被委托或被要求记录岳阳楼的重修事宜。

（3）予（yú）：这是"我"的文言文表达方式，经常用于古文中，表达自引或自述的意味。范仲淹用"予"来表达自己的观点和情感。

（4）冥冥（míng míng）：形容天色非常黯淡，或者形容事物朦胧不清。在这里，描述的是黄昏或薄暮时分的模糊景象。

（5）樯（qiáng）：指船上的桅杆。在这里，"樯倾楫摧"形容风大浪急，连船的桅杆都倾斜甚至折断的状况。

（6）楫（jí）：即船桨。在古代，楫是用来划船的重要工具，"楫摧"表达的是极端恶劣的天气使得船桨也被摧毁。

(7) 薄（bó）：在这里指"接近"，常用于描述时间，如"薄暮"，意为傍晚时分。

(8) 岸芷汀兰（zhǐ tīng lán）：此处"芷"指的是一种香草，泛指水边的芳草；"汀"是河流中的沙洲，"兰"自然是兰花。整个词组形容的是河边或湖畔生长的芳草芬芳，景色宜人。

(9) 嗟（jiē）：表示感叹。范仲淹在这里用"嗟夫"来表达自己对理想人格的感叹和向往。

(10) 或异二者之为（huò yì èr zhě zhī wéi）：意思是"或许与这两者（欢乐与忧愁）的表现不同"。在这里，范仲淹表达了一种超脱物欲，不以个人得失为忧患的人生态度。

然后再让 AI 帮助总结关于《岳阳楼记》的难点内容。

问：

假设你是教授学生《岳阳楼记》的语文老师，请你为学生讲解如何理解：文中"心忧天下"的思想。

答：

在讲解《岳阳楼记》中"心忧天下"的思想时，可以从以下几个方面入手：

（1）文脉背景介绍

首先向学生介绍范仲淹的背景。范仲淹是北宋著名的政治家、文学家，他的政治理念以"仁政"和"勤政"为核心。《岳阳楼记》中的"心忧天下"体现了他作为一名政治家对国家和百姓深深的关切与责任感。

（2）"心忧天下"思想的核心

解释"心忧天下"的具体含义。这个表达不仅仅是担忧或悲观，而是一种负责任和积极主动地关心国家和人民的福祉。这种思想要求领导者或智者先考虑国家和社会的问题，而将个人的得失放在次要的位置。

（3）对应文中的表述

引用文中"不以物喜，不以己悲；居庙堂之高则忧其民，处江湖之远则忧其君"的句子，详细解释每个部分的含义。这里表达了一种超然的境界，即不为外物所动摇，不为个人情绪所牵扯，无论身处何地、何种职位，都以国家和民族的利益为重。

（4）与其他文化或哲学联系

将这种思想与儒家的"仁政"理念相联系，讲解儒家如何强调领导者的道德责任和对民众的关爱。可以提及孔子、孟子的一些教义，以帮助学生更深层次地理解这种价值观。

（5）现实意义

讨论"心忧天下"在当今世界的实际意义，鼓励学生思考如何将这种思想应用到自己的学习、生活以及对社会的参与中。例如，学生可以在学校的学习和社会活动中展现关心他人和社会的态度，以小见大，从自我做起，影响周围。

（6）课堂互动

组织一个小组讨论或辩论，让学生探讨在现代社会中实践"心忧天下"可能遇到的挑战和机遇，或者让学生分享如果他们是领导者，会如何应用这一思想。

可以让 AI 继续分析上面所列出来的每个小点，比如以第 5 点为例。

问：

请继续深入分析一下"现实意义"。

答：

现实意义的深入分析：

"心忧天下"这一思想在当代具有深远的意义，尤其在培养青少年的社会责任感和全球视野方面尤为重要。在当今快速变化的世界中，这种古老的价值观提醒我们，个人的行为和决策应超越自身利益，关注更广泛的社会和环境影响。

（1）全球化背景下的应用

在全球化日益加深的今天，"心忧天下"促使人们关注跨国界的社会和环境问题，如气候变化、贫困、疾病流行等。这种思想激励人们采取行动，为解决全球性问题贡献力量，无论是通过科技创新、政策倡导还是公众教育等方式。

（2）促进多元文化理解和包容性

了解并关心全球各地的文化和社会状况，可以增强个人的文化敏感性和包容性。"心忧天下"鼓励学生和社会成员学习和理解不同文化背景下的人们的生活状态和挑战，促进全球和平与相互理解。

（3）提升社会责任和伦理行为

将"心忧天下"应用到商业和政策决策中，可以促进可持续的行为标准。企业和政府被鼓励不仅仅追求短期利益，而是考虑长远的社会福祉和环境保护。

(4)教育领域的实践

在教育领域,推"心忧天下"的思想可以帮助学生发展全面的问题解决技能和批判性思维能力。通过讨论实际的社会问题和案例研究,学生可以学习如何分析复杂问题,提出创新解决方案。

(5)个人成长与发展

"心忧天下"也是一种个人成长的哲学。它教导人们以更加成熟的视角看待个人成功和生活的意义,认识到个人行为对社会的影响,从而培养更富同情心和具有责任感的公民。

通过将"心忧天下"的思想融入日常生活和决策过程中,我们不仅为解决当前的全球性挑战贡献力量,也为培养具有全球视野和高度社会责任感的下一代打下基础。这种思想的实践有助于塑造一个更加和谐、可持续的世界。

通过 AI 的辅助,教师在备课过程中,会对本节课中所教授内容的重难点,有更好的把握,从而更好地教授学生。

3.3 教学资源随处可得

备课其实是教师进行有效的教学实践的预演，是教师教学的重要基础性准备环节，除了准备教学目标和教学的重难点，教学资源也是非常重要的内容。那如何获取教学资源呢？AI 为我们提供了可能。以"居庙堂之高则忧其民；处江湖之远则忧其君。"为例，看看 AI 可以检索出什么样的资源。百度的文心一言，自带了搜索的功能，如图 3-1 所示。

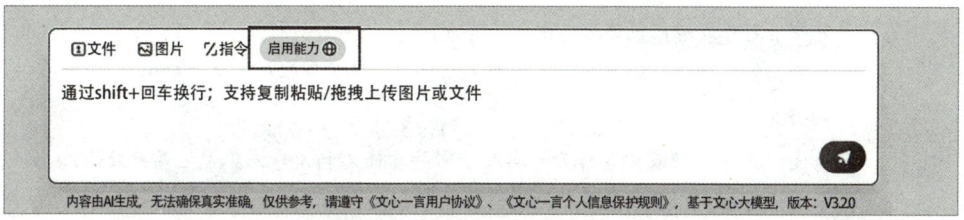

图 3-1 文心一言的搜索功能启用方法（1）

点击聊天框上面的按钮，会弹出如图 3-2 所示的窗口。

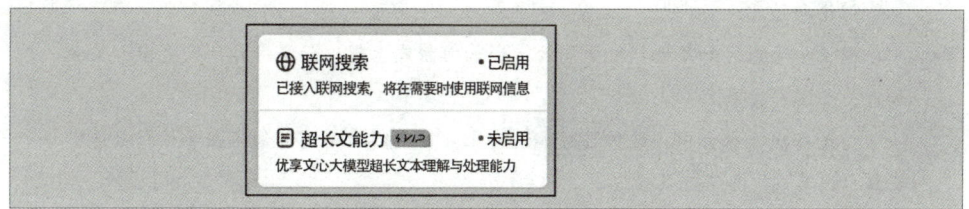

图 3-2 文心一言的搜索功能启用方法（2）

上面"联网搜索"功能显示"已启用"就可以使用搜索功能了。

问：

请你帮我检索关于"居庙堂之高则忧其民；处江湖之远则忧其君"这句话的详细解释内容，并整理成可供我教授中学生的内容。

答：

"居庙堂之高则忧其民；处江湖之远则忧其君"这句话出自范仲淹的《岳阳楼

记》，是中国文学史上非常著名的一段文字，表达了作者深厚的忧国忧民情怀。以下是对这句话的详细解释，以及如何教授给中学生的建议：

（1）解释内容

词句解析：

居庙堂之高：这里的"庙堂"指的是朝廷、政府，是古代官员办公和议政的地方，"居庙堂之高"则指担任高级官职。

忧其民：即忧虑百姓的生活和福祉，关心民间疾苦。

处江湖之远："江湖"在这里有两层含义，一是字面上的江河湖海，即远离中心政府的边远地区；二是比喻社会的下层，或是在政治之外的世界。而"处江湖之远"则指身处政治之外或地位较低远离中心的地方。

忧其君：担忧国君的安危和国家的政治局势，思考如何辅佐君王，使国家安定。

深层含义：

范仲淹通过这句话表达了作为一名政治家的责任感和使命感。无论是身处高位还是处于政治边缘，都应以国家和人民的利益为重。

这句话强调了无论个人处于何种地位，都应关心国家大事和人民生活，体现了一种超越个人得失的高尚情操和政治理想。

（2）教学建议

讨论和思考：

邀请学生探讨如果他们处于高位，会如何为民着想；如果身处庶民之中，又会如何关心国家大事。

讨论在现代社会中，这种思想如何转化为日常行为，例如如何在学校和社区中实践"忧其民"和"忧其君"。

联系现实：

让学生寻找现代的例子，比如社会活动家、优秀的政治领袖等，看看他们是如何体现这种"居庙堂之高则忧其民；处江湖之远则忧其君"的精神。

讨论学生可以如何在自己的生活中展现这种关心他人和社会的态度。

写作与表达：

布置写作作业，让学生撰写一篇文章，主题为"如果我是一名领导者"，让他们表达自己如果处于高位会如何关心民众。

当然，如果需要更深层次的解答，可以继续向 AI 提问即可。

3.4 教学设计和框架一键生成

3.4.1 教学设计一键生成

教学设计是教师对课堂教学的规划、设计、假设、安排，从这个角度说，它是备课的重要组成部分。教学设计是课堂教学的核心，是确保教学活动能够有效达到预定目标的基础。教学设计要求教师在课前对教学目的、任务、过程进行清晰且理性的规划。这一过程涉及对教学内容、教学方法、教学媒体和评估方式的深思熟虑，旨在创造一个有序且高效的学习环境。

教学设计并非一成不变的蓝图。它需要适度灵活，以适应课堂上不可预测的变化和学生的具体需求。过度的教学设计可能限制学生的自主性，抑制他们的创造力和探索精神。教学设计的根本目的在于促进学生的全面发展，而不仅仅是完成既定的教学任务。

在这个过程中，教学设计性发展和生成性发展是互补的。设计性发展强调通过有目的的教学活动，引导学生从已知经验中学习新知识，这是一个可预测和结构化的学习过程。而生成性发展则更加注重学生在学习过程中可能出现的突发性认知飞跃，这种飞跃往往是在教学互动中意外触发的，它促使学生的思维达到新的高度。

所以说一个有效的教学设计不仅要精心地构建教学的结构和流程，还需要为学生意外的创见和洞察留出空间。这种设计既包括对课程内容的严格规划，也包括对学生思维活动的灵活引导。教师的任务是在确保教学目标得以实现的同时，也要激发学生的思考和探究，使他们能在学习中体验到知识的力量和美妙。

撰写一份合理的教学设计，无疑会占用教师很长时间，那么如何用 AI 来辅助撰写一份教学设计呢？我们可以向 AI 提问如下。

问：

请你从中学老师的角度，来为文言文《岳阳楼记》撰写一个合适的教学设计。

答：

《岳阳楼记》是北宋文学家范仲淹所作，其文笔优美，深含哲理，适合作为中学或高等教育的教学材料。以下是针对《岳阳楼记》的教学设计方案，旨在通过对这篇经典文言文的学习，让学生不仅理解其文学价值，还能领悟其中的历史哲理和人文情怀。

（1）教学目标

知识与技能：学生能够阅读并理解《岳阳楼记》的原文，掌握其基本的文言文词汇和句式。

过程与方法：通过文本分析，学生能够识别和讨论文章中的主要思想和写作技巧。

情感、态度与价值观：引导学生深入探讨范仲淹关于忧乐观和责任感的论述，激发学生对社会责任的认识。

（2）教学内容

文章结构分析：解析《岳阳楼记》的开篇、议论和总结的结构，指导学生如何通过结构理解文章深层意义。

主题思想探讨：分析范仲淹如何通过对岳阳楼的历史背景和自然景观的描写，引出"先天下之忧而忧，后天下之乐而乐"的核心思想。

文言文词汇与句式：教授《岳阳楼记》中特定的文言文词汇和常见句式，提高学生的文言文阅读能力。

（3）教学方法

导入新课：通过展示岳阳楼的图片和简短的历史背景介绍，激发学生的兴趣。

小组讨论：学生分组探讨文章中的主要思想和情感表达，每组成果分享与全班讨论。

文本深度分析：教师引导学生分析文章的写作技巧，如使用的比喻、排比等修辞手法。

（4）教学媒体与技术

多媒体演示：利用PPT展示岳阳楼的历史和地理信息，视频资料中的岳阳楼现状。

网络资源：推荐学生访问具有教育性的网站，了解更多有关宋代历史和文学的背景。

(5) 评估与反馈

形成性评估：通过课堂提问和小组讨论，及时了解学生的学习进度和理解深度。

总结性评估：布置一篇论文，要求学生分析《岳阳楼记》的主题思想及其对现代社会的启示。

(6) 教学反思

教师反思：课后，教师需根据学生的表现和反馈调整教学策略和内容深度，以更好地满足学生的学习需求。

学生反馈：通过问卷调查或开放式讨论，收集学生对教学内容、方法和效果的反馈，以期不断优化教学设计。

3.4.2 教学框架生成不发愁

使用 AI 工具来生成教学框架是非常简单、便捷、高效的，尤其在面对时间紧迫或需要快速搭建课程结构时。传统教学框架的设计往往需要大量的时间投入，教师必须对课程目标、学习内容、教学策略、评估方式等进行细致的规划。而 AI 工具通过对教育大数据的分析和已有教学范式的整合，能够快速提供符合特定需求的教学框架，减少教师的工作负担。

在实际应用中，AI 工具可以根据输入的主题和学习目标，自动生成与之匹配的教学框架，涵盖课程设计中的各个关键环节。以物理课程中"万有引力定律"为例，我们看看 AI 可以生成什么样的详细框架。

问：

生成一个"万有引力定律"的详细教学框架。

答：

教学框架：万有引力定律

(1) 教学目标

知识目标：

理解万有引力定律的基本概念。

掌握万有引力定律的数学表达式。

了解万有引力在天体运动中的应用。

能力目标：

能够运用万有引力定律解决相关物理问题。

通过定律的推导培养逻辑思维能力和数学推理能力。

探索万有引力在实际生活中的应用场景，提升科学思维能力。

情感目标：

激发学生对自然界基本规律的兴趣和探索欲望。

培养学生对科学问题的好奇心与批判性思维。

(2) 教学内容

导入：通过日常现象引入万有引力定律，例如物体自由落体、行星轨道等，激发学生兴趣。

提问："为什么月亮不掉到地球上？行星为什么围绕太阳运动？"引出万有引力定律。

新授内容：

牛顿万有引力定律的概念：

定律内容：任何两个物体之间都存在相互吸引的力，且力的大小与物体的质量成正比，与它们之间距离的平方成反比。

数学表达式：

……

(3) 教学方法

讲授法

介绍定律的理论基础及其应用，通过引例引导学生理解定律的物理意义。

启发式提问

通过设问引导学生思考和总结，引发讨论。

讨论法

组织学生分组讨论"万有引力对生活中的实际应用"，如卫星、航天器等，增强理解。

实验法：结合卡文迪许实验的视频演示，帮助学生理解实验如何测定 G。

（4）教学活动设计
……
（5）教学资源与工具
……
（6）教学过程
导入（5分钟）：
从生活现象入手，如自由落体、行星运动，引出万有引力定律。
新授内容（20分钟）：
讲解万有引力定律的基本概念、数学表达式和物理意义。
讨论牛顿定律在天体运动中的应用，结合开普勒定律。
例题解析（10分钟）：
通过例题讲解如何使用万有引力定律进行计算和分析。
课堂讨论（10分钟）：
讨论万有引力在航天、天文中的应用。
总结与测验（5分钟）：
总结万有引力定律的核心概念和重要应用。
进行简单的课堂测验，确保学生掌握基本概念。
（7）课后作业
（8）评价方式
（9）预期教学效果
……

虽然我们的提问较为简单，但是它所生成的答案是比较笼统的，作为教师，可以把自己的需求描述得更加细致，这样AI生成的框架也会更有代表性。

对于上面AI生成的框架，其中不够详细的部分，依然可以使用AI继续丰富如下。

问：

在上面所生成的详细框架中：

（1）教学目标

知识目标：

理解万有引力定律的基本概念。

请对这一点目标，详细解释，以初中生的理解方式来讲解。

答：

详细解释：

万有引力定律是由牛顿提出的一个物理学基本定律。它告诉我们，宇宙中任何两个物体之间都有相互吸引的力，这个力叫作"引力"或者"重力"。这意味着，不管是地球、月亮，还是两个小石头之间，它们都会相互吸引。

我们可以用一个简单的例子来帮助理解：当我们站在地面上时，地球在用引力拉住我们，这就是为什么我们不会漂浮到空中。同样，我们的身体也对地球有一个非常微弱的引力，虽然这个力非常小，小到我们感觉不到。

万有引力定律还告诉我们，这个引力的大小跟两个物体的质量和它们之间的距离有关。质量越大，引力越强；距离越远，引力越小。所以，地球对我们的引力比月亮对我们的引力强，因为我们离地球更近，地球也比月亮大得多。

总结起来，万有引力定律就是在解释为什么物体之间会相互吸引以及这个力的强弱与物体的质量和距离有关。这一规律帮助我们理解了像行星绕太阳运行、物体落地等许多现象。

使用"初中生的理解方式来讲解"的命令，AI 会将提出的问题简单化，以通俗易懂的语言风格为我们解释。

3.5 教学课件简单制作

在教师的备课阶段，教学课件的制作也是一项非常重要的任务，比如在给学生教授某一课程时，可以用文字加图片的形式，为其做形象的展示，方便学生更好地理解。AI 可以帮助改变传统的 PPT 的制作模式，快速地生成制作 PPT 所需要的内容，再配合其他的工具来快速地打造专业的教学课件。

其实通俗来讲，PPT 的内容才是最关键的部分，形式只是附加的，为 PPT 来增光添彩的。我们可以直接询问文心一言等 AI 工具，让它告诉我们，如何用 AI 来创建 PPT。

问：
请你讲解一下，我们如何来创建一个教学类的 PPT 呢？

答：
创建教学类的 PPT（PowerPoint 演示文稿）涉及清晰的结构设计、有效的信息传递和视觉上的吸引力。以下是创建一个高效教学 PPT 的步骤：

（1）明确目标与听众

确定目标：明确演示文稿的教学目的，如解释一个概念、展示研究结果或指导一个过程。

了解听众：考虑听众的背景、知识水平和兴趣，这将帮助选择合适的内容和难度级别。

（2）结构设计

开头：介绍演示的主题和目标，概述将要覆盖的主要点。

主体：按逻辑顺序安排内容。每一个主要的点或概念都应该有单独的幻灯片，以保持信息的清晰和组织性。

结尾：总结主要点，提供进一步的学习资源或行动号召。可以设定时间回答问题。

（3）内容制作

简洁的文本：避免幻灯片上的文本过多。使用关键词和短句使信息易于理解和记忆。

> 数据的可视化：使用图表、图形和表格来展示统计数据或比较，这可以更直观地传达复杂信息。
>
> 引入例证：用实际例子或案例研究来支持论点，使内容更加具体和引人入胜。
>
> （4）视觉效果
>
> 统一的设计：选择专业且一致的模板，统一使用的字体、颜色和布局风格。
>
> 图像与动画：合理使用相关的图片和动画来吸引观众的注意力和增强记忆点。避免过度装饰，以免分散听众的注意力。
>
> 交互元素：根据需要，可以加入超链接、内嵌视频或其他互动元素，以增加互动性。
>
> （5）练习与复习
>
> 彩排：在实际演示前，进行多次彩排，可以帮助发现并修正潜在的问题，如内容的流畅性、时间控制等。
>
> 获取反馈：如果可能，从同事或朋友那里获取反馈，并据此进行调整。

可以使用 AI 创建教学类的 PPT，我们以《岳阳楼记》为例。首先要告诉 AI，创建的 PPT 是什么主题。

> **问：**
>
> 假设你是一名中学老师，准备教学生学习《岳阳楼记》这篇课文，请创建一个 PPT。
>
> **答：**
>
> 创建一个用于中学教学《岳阳楼记》的 PPT 涉及将文本的内容、文学价值和历史背景有效地传达给学生。以下是一个基于该教学目标的 PPT 结构提纲：
>
> 幻灯片 1：标题页
>
> 标题：《岳阳楼记》课文学习
>
> 副标题：作者：范仲淹
>
> 图片：岳阳楼的图片或古风艺术插图
>
> 教师姓名和日期

幻灯片 2：作者简介和历史背景

范仲淹简介：生平大事，政治成就和文学贡献。

《岳阳楼记》的创作背景：描述岳阳楼的历史和范仲淹为何写下此文。

幻灯片 3：全文朗读

引导学生朗读：全班一起朗读《岳阳楼记》，或选择几位学生前来朗读。

配图：显示与文内容相关的景观画或历史图片。

幻灯片 4：内容总结

主要内容提炼：总结《岳阳楼记》的主旨，如何通过景观描写表达作者的思想感情。

引用重要文段：展示几个关键文段，简要分析其含义。

幻灯片 5：文学特色分析

修辞手法：分析范仲淹在文中使用的比喻、排比等修辞手法。

语言风格：讨论其文言文的语言特色，如何通过文言文表达深层意义。

幻灯片 6：主题和情感

深入探讨主题：探讨《岳阳楼记》中的历史感悟和个人情感，如何反映作者的忧国忧民情怀。

相关诗句：引用其他文学作品中与《岳阳楼记》主题相呼应的诗句或名句。

幻灯片 7：课堂讨论

讨论问题：提出几个问题，如"你如何理解范仲淹的忧患意识？"或"岳阳楼的描写给你留下了哪些深刻的印象？"

小组活动：分组讨论后分享观点。

幻灯片 8：课程小结和作业

课堂小结：回顾今天的学习重点。

布置作业：要求学生写一篇短文，表达对《岳阳楼记》的理解和感受。

幻灯片 9：附加资源

延伸阅读：推荐相关的历史和文学资料，供学生深入学习。

联系方式：提供教师的电子邮件或通信方式，以便学生课后提问。

根据 AI 的回答，可以了解到它帮助我们归纳了这份关于《岳阳楼记》的教学课件，该课件共分为 9 个部分，我们只需要按照上面的提示，逐页丰富相关内容即可。

可以继续使用 AI 逐步完善，以"幻灯片 4"为例，尝试对其进行完善。

幻灯片 4 主要是"内容总结"，分为两个部分：

一是主要内容提炼：总结《岳阳楼记》的主旨，如何通过景观描写表达作者的思想感情。

二是引用重要文段：展示几个关键文段，简要分析其含义。

先来看第一部分，主要内容提炼，可以直接让 AI 提炼如下。

问：

请总结《岳阳楼记》的主旨，如何通过景观描写表达作者的思想感情。

答：

《岳阳楼记》是北宋文学家范仲淹所作的一篇骈文，该文以岳阳楼的重建为背景，通过对岳阳楼的景观描写，表达了作者深沉的思想感情和坚定的政治理想。

（1）主旨总结

《岳阳楼记》的主旨集中在展示"先天下之忧而忧，后天下之乐而乐"的高尚情操。范仲淹借对岳阳楼的描述，表达了自己对国家和民族未来的深切关怀及对治国平天下的责任感。通过描写岳阳楼的壮丽景色和变幻莫测的自然现象，范仲淹寄托了自己对社会现实的忧虑与对未来的希望。

（2）景观描写与思想感情的表达

景观的宏大与情感的激昂：

文章开头便描述岳阳楼"高楼临水而建，远山近江，顾影弄潮，含风吞景"。这种宏观的自然景观描写，反映了作者胸怀广阔，关注天下的情怀。

描写中"云销雨霁，彩彻区明"的天气变化象征着国家经历风雨后的转机，表达了作者对国家未来光明前景的期盼。

四时变化与政治寓意：

范仲淹细致描写了岳阳楼四季的不同景象，特别是"春好夜月，夏好风日，秋好云烟，冬好瑞雪"，这些自然美景的变化隐喻了政治的变迁和社会的更迭。

对于四季变换的深入描绘，不仅仅是自然景观的赞美，更是表达了作者希望国家政治清明，四时平安的愿望。

高远的视角与超然的志向：

范仲淹选择从岳阳楼的高远视角来俯瞰洞庭湖，象征着他超越小我，关注大我的政治抱负。

文中提到，"登斯楼也，四望其景，心旷神怡，宠辱偕忘"，显示了范仲淹在面对壮丽景色时，达到了超然物外的境界，反映出他对个人命运起伏不以为意，更加关心国家民族的兴衰成败。

《岳阳楼记》不仅展现了中国古代建筑的壮观与美丽，更深刻地表达了作者的政治理想与担忧。这篇文章在中国文学史上，不仅以其艺术的精湛被人们称赞，更以其深沉的思想内容给后人以启迪。

AI 详细解释了这部分的内容，概括了《岳阳楼记》的主旨，教师可以将这部分的内容润色后直接放到课件中。通过 AI 生成了 PPT 的文字内容，再借助如 MindShow、MotionGo 等各种各样的自动化 PPT 制作工具就可以制作出精彩丰富的 PPT 了。

第二部分的内容，使用 AI 获取的方法和上面的类似，在此不再赘述。

在教学课件中，不可避免的就是绘画，那么绘画是否也可以使用 AI 来帮忙呢，答案是肯定的。前面已经讲过"文心一格"等 AI 绘画工具，具体界面介绍请参考第一章的内容，在此只演示绘画的过程。

以"幻灯片 1"中的图片生成：岳阳楼的图片或古风艺术插图为例，如果需要岳阳楼的图片，可以直接搜索"岳阳楼图片"即可，因为教学课件是以教学为目的，并不存在商业目的性，所以不存在侵权一说，因此仅展示"古风艺术插图"的详细生图步骤。

打开"文心一格"，依次选择左侧工具栏中的"推荐""AI 创作"，在提示词框中输入"古风、艺术插图"，画面类型选择"插画"，选定比例和生图数量点击"立即生图",即可在右侧生图区域出现符合要求的画作,如图 3-3 所示。

图 3-3 文心一格生图古风艺术插画演示(1)

如果对生成的画作不满意，可以调整提示词，画面类型等，再次点击立即生图即可，如图3-4所示。

图3-4 文心一格生图古风艺术插画演示（2）

可以看到这个图片特别适合作为课件的背景图，文心一格所生成的图片可以直接下载高清图片使用。

4

AI 让课堂教学变简单

AI 可以通过各种工具和方法简化老师的课堂教学，在当前的教育环境中，教师面临多样化的学生需求和日益增加的教学负担，AI 的应用可以为教师提供必要的支持，优化教学效率，提高教学质量。随着技术的不断进步和智能工具的日益普及，AI 在教学中的应用正逐渐成为推动教育创新和提升教育质量的关键力量。通过本章的探讨，我们将了解到 AI 如何在实际教学中简化教师的工作，增强学生的学习体验，并推动教育向更高效、更个性化的方向发展。

本章内容以英语教学为例，详细讲解 AI 如何辅助课堂教学的内容。

4.1 课堂注意力的培养

作为教师，培养学生的注意力，是提升学生学习能力的关键。可以尝试询问 AI，有什么提高学生课堂注意力的方式。

> **问：**
> 假设你是一名英语老师，如何培养和提高学生的课堂注意力呢？
>
> **答：**
> 在探讨如何来培养课堂注意力和提升英语学习效果时，可以从如下几点来进行：
> （1）利用特定作品增强学习兴趣
> 重要性：在课堂上，学生的注意力是关键资源，直接影响到他们的学习效果。
> 方法：通过将学生喜爱的经典英语作品纳入教学内容，增加学习的吸引力和学生的投入度。
> 内容丰富：编写一些有意思的富含深刻的文化内涵和语言美感的英语故事，能够激发学生的思考欲和讨论欲。
> 技能提升：通过这种方式，学生能够在享受文学魅力的同时，增强对语言的敏感性和应用能力。
> （2）设计互动和实用的学习活动
> 活动类型：包括讨论题、角色扮演和写作任务，这些都是围绕经典作品设计的。
> 实践应用：通过角色扮演等活动，学生可以深入理解文本，实际应用语言，从而更好地掌握语言结构和表达方式。

4.1.1　AI 辅助提高学生学习兴趣

4.1.1.1 融入经典作品

通过融入学生广泛喜爱的英语文学作品，教育者能显著提升学生的学习热情和参与度。这些经典不仅孕育了丰富的文化价值和语言的艺术魅力，还能够启迪思维和激发热烈的课堂讨论，有效提高学生对英语的敏感度和实际运用技能。此策略不仅优化了学习体验，更打造一种引人入胜的语言学习环境，使英语教学变得更具吸引力。

教师可以使用文心一言的 App 端"文小言"来实现。打开 App 端"文小言"，在主页面选中右下角的输入语音的按钮，如图 4-1 所示。

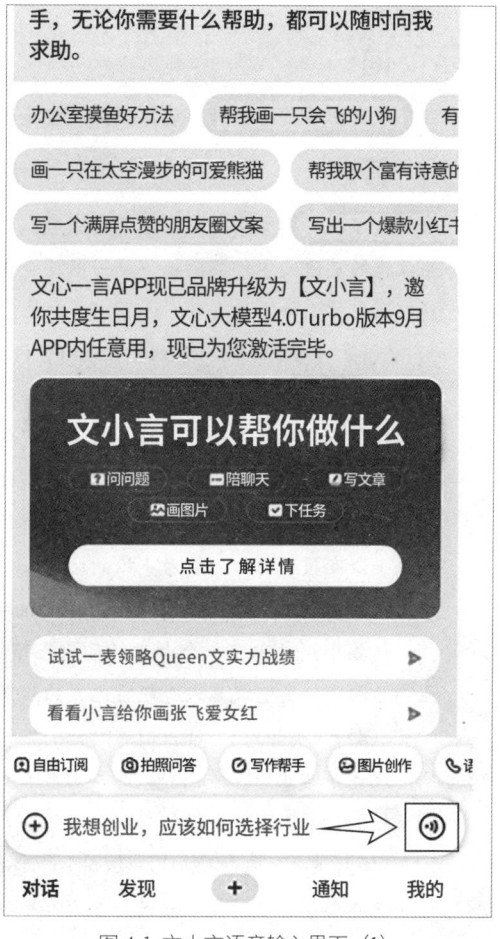

图 4-1 文小言语音输入界面（1）

然后如图 4-2 所示，只需按住说话，即可和文小言语音对话。

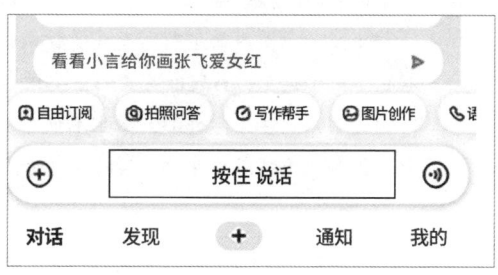

图 4-2 文小言语音输入界面（2）

通过语音输入的方式，可以让 AI 为老师和学生提供相应的阅读作品，本书将其转化为文字，展示。

问：

我是中学英语老师，请你提供一些英语类作品帮助学生提高学习兴趣。

答：

为了提高中学生对英语学习的兴趣，可以选用一些既有教育价值又能够吸引学生注意的英语文学作品。以下是一些适合中学生阅读的英语类作品，这些作品不仅能够激发学生的阅读兴趣，还可以帮助他们提高语言技能和文化理解：

（1）《哈利·波特系列》（Harry Potter series）— J.K. 罗琳

这系列书籍讲述了一个年轻的巫师哈利·波特在霍格沃茨魔法学校的冒险经历。这些故事不仅极富想象力，而且探讨了友情、勇气和选择的重要性。

（2）《纳尼亚传奇》（The Chronicles of Narnia）— C.S. 路易斯

一系列的幻想小说，围绕着一个被称为纳尼亚的神奇土地展开，描绘了好与恶的斗争以及孩子们如何成为英雄的故事。

（3）《饥饿游戏》（The Hunger Games）— 苏珊·柯林斯

这篇小说设定在一个未来的反乌托邦社会，讲述了 16 岁的女孩凯特尼斯为了生存参加了一场电视真人秀死亡比赛的故事，主题涉及生存、权力和牺牲。

（4）《小妇人》（Little Women）— 路易莎·梅·奥尔科特

描述了四姐妹在美国内战时期的成长故事，这本书展现了不同个性的女性形象以及她们对于家庭、爱情和个人理想的追求。

（5）《寻找阿拉斯加》（Looking for Alaska）— 约翰·格林

这本书探讨了友情、爱情、损失和寻找生命意义的主题，通过一群高中生的视角描绘了青春期的挑战与冒险。

（6）《外号》（Wonder）— R.J. 帕拉西奥

讲述了一个因为面部畸形而在学校面临挑战的男孩奥吉·普尔曼的故事。这本书提供了关于接受、勇气和善良的重要讯息。

通过引入这些文学作品，学生不仅可以提升英语阅读技能，还能够增加对不同文化背景和人生经历的理解，从而在享受阅读的同时丰富自己的世界观。

4.1.1.2 编写英语故事

当然也可以通过语音输入的方式将英文课文中的内容发送至"文小言",让其根据内容编写一个有意思的故事。

问:

Yesterday, I cleaned my room. I finished my homework. I washed my trousers. They were very dirty. Then I helped my mum. Mum was very happy. You are a very good boy, Daming.

我朗读了一段英语课文,请根据这个内容,编写一个有意思的英语故事。

答:

Sure! Heres an engaging story based on the activities you mentioned:

Daming's Special Day

Yesterday was a special day for Daming, unlike any other. It was a sunny Saturday, and he had decided to make the most of it. Early in the morning, Daming woke up feeling energetic and ready to tackle the day. He looked around his room and decided it was time for a change. "Today is the perfect day for cleaning," he thought to himself.

He started by organizing his books and toys, dusting off the shelves, and then vacuuming the floor. Every nook and cranny of his room was cleaned, and by the end of it, his room looked like it belonged in a magazine! But that was just the beginning of his productive day.

After a short break and a refreshing glass of lemonade, Daming remembered his homework. Sitting at his newly tidied desk, he completed his math problems and wrote a short essay on his favorite animal, the giant panda. It didn't take long because Daming was in high spirits and his mind was clear.

Just as he was putting away his books, he noticed his favorite trousers in the corner of his room - they were covered in mud from his last adventure in the park. "These need a serious wash," he mumbled as he picked them up. Daming washed his trousers carefully, scrubbing away the stains. By the time he was done, they looked as good as new.

Feeling accomplished, Daming went downstairs to find his mum in the kitchen. She was trying to bake cookies, but the kitchen was in chaos. "Can I help, Mum?" Daming offered with a smile. His mum looked relieved and nodded. Together, they measured the flour, mixed the dough, and shaped the cookies. As the sweet aroma of baking cookies filled the air, Daming's mum turned to him and said, "You are a very good boy, Daming. Thank you for all your help today!"

As the day ended, Daming felt proud of all he had done. Not only had he cleaned his room, finished his homework, and washed his trousers, but he had also helped his mum and spent some wonderful time with her. It was indeed a very special day, and Daming went to bed feeling happy and content, knowing that small actions can make a big difference.

……

This story aims to illustrate the joys and benefits of being proactive and helpful, reinforcing positive behaviors and family bonding.

我们可以使用"文小言"App，让它为我们朗读这个故事，并且为我们讲解这个故事，包括翻译为中文等，如下。

问：

请将最后一段翻译为中文。

答：

当然可以，翻译成中文如下：

随着一天的结束，大明对自己所做的一切感到非常自豪。他不仅打扫了房间，完成了家庭作业，还洗了裤子，而且还帮助了妈妈，与她度过了美好的时光。这确实是非常特别的一天，大明带着幸福和满足的心情上床睡觉，知道小小的行动可以带来巨大的不同。

4.1.2 设计互动和实用的学习活动

为了进一步提高课堂的互动性和实用性，教师可以设计与这些经典作品相关的讨论题、角色扮演活动或写作任务。教师可以让学生分别扮演剧中的不同角色，让他们以自己的理解表演这些场面。可以使用 AI 来策划一些活动，增加学生之间的互动，从而提高他们的兴趣，将教学融入互动学习中，比如以其中一个经典作品《寻找阿拉斯加》（Looking for Alaska）— 约翰·格林为例，我们可以直接使用 AI 让其策划活动类型，同时编写活动剧本等。

问：

假设你是一位中学的英语教师，请你以约翰·格林的《寻找阿拉斯加》（Looking for Alaska）为例，策划一个活动，其中要包括讨论题、角色扮演和写作任务。

答：

作为中学的英语教师，可以围绕约翰·格林的小说《寻找阿拉斯加》（Looking for Alaska）设计一系列教学活动，包括讨论题、角色扮演和写作任务，以增强学生的阅读理解、表达和创造性思维能力。

下面是一个详细的活动策划：

（1）预备知识介绍

在活动开始前，教师应向学生讲解小说的基本情节、主要角色和背景设置，为学生提供必要的文本背景知识。

（2）讨论环节

目标：激发学生对书中主题和角色的深入思考。

主题讨论："寻找阿拉斯加"中的自我发现之旅对你有何启发？

角色分析：阿拉斯加这个角色对其他主要人物（如迈尔斯和科隆纳）有何影响？

冲突探讨：讨论小说中的主要冲突及其对故事进程的推动作用。

（3）角色扮演活动

目标：通过角色扮演帮助学生更好地理解人物心理和情感动态。

活动设计：选择书中一个关键场景，如迈尔斯第一次遇见阿拉斯加的情景。将学生分组，每组选择不同的角色进行扮演。

表演：每组学生表演选定的场景，其他同学观看并提供反馈。

反思：表演结束后，讨论每个角色的选择和表现方式如何影响了对场景的理解。

（4）写作任务

目标：提升学生的分析和创作能力。

写作指导：选择一个主题，例如"友情在迈尔斯生活中的作用"或"阿拉斯加对自由的看法"。

任务执行：学生根据所选主题撰写一篇短文，可以是分析性的文章或是从某个角色的视角出发的第一人称叙述。

分享与讨论：学生完成作文后，在班上分享自己的作品，并进行小组讨论，评价同伴的观点和写作风格。

（5）反馈和总结

在活动的最后，教师应收集学生对活动的反馈，讨论他们从中获得的见解，并指出改进的可能性。同时，教师也应总结整个活动的学习成果，加强学生对小说内容和主题的理解。

我们可以继续深化完善上面的活动，如对其中角色扮演的活动进行深入完善，具体如下。

问：

请继续完善上面的角色扮演活动。

答：

为了使角色扮演活动更加完整和富有教育意义，我们可以按以下步骤进行详细规划：

（1）准备阶段

角色与场景选择：

选取小说《寻找阿拉斯加》中迈尔斯第一次遇见阿拉斯加的场景，因为这是一个情感层次丰富且对整个故事情节有重要影响的关键场景。

确定需要扮演的角色：迈尔斯、阿拉斯加、教师和其他几位在场的学生角色。

材料准备：

提供场景的原文摘录给所有学生，让他们熟悉对话和情境。

准备必要的服装和小道具（如书籍、学校背景布景等）以帮助学生更好地进入角色。

（2）分组与彩排

分组：

将班级分成几个小组，每组4～5人，确保每个小组中都有迈尔斯和阿拉斯加的角色。

让学生自行选择想要扮演的角色，鼓励他们尝试不同的角色以更全面地理解各个人物。

彩排：

给学生们足够的时间彩排，教师需在旁边给予指导，帮助他们理解角色心理和情感的表达。

讨论每个角色在场景中的目的和心理状态，确保演出时能真实反映每个人物的性格和情感。

（3）表演与观看

表演：

按顺序让每个小组在班级内进行表演，其他同学作为观众。

观众在观看时可以记录演员们的表现，以及他们如何通过行为和语言表达角色的特性。

观众反馈：

表演后，让观看的同学提供正面的反馈和建设性的评论，特别是关于演员们如何捕捉到角色的心理和情感的。

（4）反思与讨论

反思会议：

讨论每个角色的选择和表现方式如何影响了对场景的理解。

引导学生讨论通过角色扮演他们对文本有了哪些新的见解，以及这种活动如何帮助他们更深入地理解文本和人物。

扩展讨论：

讨论角色之间的关系如何影响他们的行为和决策。

探讨这一场景对整个故事情节发展的重要性及其对后续事件的预示。

通过 AI 辅助，学生不仅能够深入文本，还能在实际使用英语的过程中，加深对语言结构和表达方式的掌握。让学生在享受英语的乐趣中，自然而然地学习到丰富的词汇、表达方式和复杂的句型结构。

在学生接受了这样的教学模式之后，教师可以将更多的经典作品引入课堂教学之中，除影视作品外，一些文学作品同样可以尝试着用作教学示例。一旦打开了兴趣的大门，学生的主动学习能力会被极大地开发出来，那么成绩的提高也就成了自然而然的事情。

4.2 培养兴趣的"经典名场面"

在数字时代,随着网络"梗"文化的流行,这些经典作品的经典片段以全新的方式重获生机,重新进入了大众视野。这些"名场面"经常以截图、短视频或模仿视频的形式在社交媒体上热传,从而以一种更加幽默、轻松的方式被年轻人接受和传播。对于那些通常不太感兴趣学习英语的学生来说,这些容易引起共鸣的影视片段成了他们接触英语的一个新契机。通过这些流行的视频片段,学生们能在不知不觉中接触到原汁原味的英语表达,从而激发了他们对英语学习的兴趣。正是这种对流行文化的高度热情,让我们看到了将流行元素、经典影视作品与英语教学结合的巨大潜力。

作为教师,可以利用这种趋势,通过整合这些受欢迎的影视片段来设计英语的教学内容,从而增加学习的趣味性,提高学习效果。

下面列举一个"梗"文化的例子,以一个著名的美剧《老友记》为例。

首先可以让 AI 归纳出其中的一些有意思的经典台词。

问:

请你帮我归纳出《老友记》中一些经典的台词,并翻译为中文。

答:

好的,为您展示以下台词。
I wont let her go without a fight!
我不会轻易放过她的!

It could happen to anyone. It happens to anybody. That happens.
谁都可能会遇到这种情况。

I'm a laundry virgin.
我从没自己洗过衣服。(注意 virgin 的用法,体会说话之鲜活)

I hear you.
我知道你要说什么。/ 我懂你的意思了。

Nothing to see here!
这里没什么好看的/看什么看!

Hello? Were we at the same table?
有没有搞错?(注意hello的用法,用疑问语气表示"有没有搞错?")

You are so sweet/ That's so sweet.
你真好(微信线话英语)。

I think it works for me.
我觉得这适合我。(work为口语中极其重要的小词)

Rachel, you are out of my league(等级,范畴).
你跟我不是同一类人。

You are so cute.
你真好。/ 真可爱。

My way or the highway.
不听我的就离开!(很漂亮的习语,押后韵)

I have no idea what you have said.
不知道你在说什么。("我不知道"不要总说 I don't know,太土了,可以说 I have no idea 或者 I don't have a clue……)
……

这样的一些例子,在学生群体中有着很高的人气基础,精炼的语言表达与恰到好处的讽刺性使其具有极强的传播性,即便是从未听过的同学也能迅速被其吸引。而在这段对话中,除了兼备犀利与诙谐的精彩表演,其中还包含着非常丰富的语法结构，这就是将流行文化融入英语教学的落脚点——以经典作品经典场面作为"点"，引导学生扩展至英语学习的"面"，形成将对文化的兴趣发展成对英语学习的兴趣的正向循环。这样一来，学生对文化的兴趣就能自然而然转化为对学习英语的热情，形成一种正向的学习循环。

同时也可以使用这些句子来进行分析，比如策划一场生动的以经典名场面开场的英语课。以其中的"You are so cute.你真好。/ 真可爱。"为例，使用AI工具来创作即可。

问：

请根据《老友记》中的名场面：You are so cute.你真好。/真可爱。创作一个非常有意思的故事，情节要深入，同时有教育意义。

答：

故事标题：The Echoes of Kindness（善意的回响）

英文版本：

In the quiet town of Maplewood, the words "You are so cute" became more than just a compliment. It started with Mrs. Allen, a kind-hearted teacher who believed that positive reinforcement could change the world.

One morning, as she was walking to school, she noticed a child crying on the sidewalk. Kneeling beside him, she wiped away his tears and said, "Don't cry, you are so cute when you smile." Her words, filled with warmth, made the little boy smile through his tears.

At school, Mrs. Allen continued spreading her kind words. To her students struggling with their lessons, she would say, "You are so cute, so smart, you can do this!" Her classroom became a place of positivity, where students felt empowered and valued.

Word of Mrs. Allen's phrase spread through the town. Shopkeepers began using it with their customers, parents with their children, and children with their friends. It became a symbol of Maplewood's kindness and community spirit.

Years passed, and the phrase "You are so cute" was embedded in the town's culture. It reminded everyone that beneath the surface, there's a heart that appreciates and cares, reinforcing the power of kindness and empathy.

中文版本：

在宁静的枫木镇，"You are so cute（你真可爱）"这句话不仅仅是一个赞美。这一切始于艾伦夫人，一个心地善良的教师，她相信积极的鼓励可以改变世界。

一天早晨，在她走向学校的路上，她注意到一个孩子在人行道上哭泣。她跪在他身边，擦去他的眼泪，说道："别哭了，你笑起来真可爱。"她那充满温暖的话语让这个小男孩泪水中露出了微笑。

在学校，艾伦夫人继续传播她的善言。对于那些在学习上挣扎的学生，她会说："你真可爱，你很聪明，你能做到的！"她的教室变成了一个充满积极性的地方，学生们感到被赋能和珍视。

艾伦夫人的话语在镇上传播开来。店主开始用它来招待顾客，父母对孩子说，孩子们与朋友间也这样表达。它成了枫木镇的善意和社区精神的象征。

多年过去，"你真可爱"这句话已融入镇上的文化。它提醒着每个人，在表面之下，有一颗感激和关怀的心，加强了善意和同理心的力量。

当然，教师还可以在讲课的过程中，融入某一个或者某几个"梗"，让课堂更活跃，更有意思。比如可以借助AI工具，让AI根据上面的10个"梗"，创作一个非常有意思的开场白。

问：

我是一名中学英语老师，请以上面的前10个经典名场面来创作一个课堂上的开场白，目的是活跃气氛，提高学生的兴趣和注意力。

答：

Good morning, class! Let's kick things off with a bit of fun today. 大家早上好！今天我们来点有趣的开始吧。

4 AI让课堂教学变简单

Imagine this: you're all engaged in a friendly debate, and suddenly I say, "I won't let this argument go without a fight!" — sounds intense, right?

想象一下：你们在进行一场友好的辩论，突然我说："我不会轻易放过这个争论！"——听起来很激烈，对吧？

But hey, don't worry. "It could happen to anyone," mistakes, debates, they're all part of learning. So, if you're ever stuck on a tricky English phrase, just remember, "That happens!"

不过，别担心！"谁都可能会遇到这种情况"，错误、辩论都是学习的一部分。所以如果你在某个英语短语上卡住了，记住，"这种事常有！"

Now, raise your hand if you're "a laundry virgin!" — just kidding! But doesn't that phrase make you think about how fun and quirky language can be?

现在，举手告诉我谁是"洗衣新手"——开个玩笑！但这个短语是不是让你觉得语言有多有趣和奇特？

"I hear you!" Some of you are probably wondering why we're talking about laundry, right? Well, "Nothing to see here!" Let's move on to something more exciting.

"我懂你们的意思！"有些人可能在想我们为什么聊洗衣服，对吧？好了，"这里没什么好看的！"我们来聊点更有趣的吧。

Did I hear someone say they're nervous about today's lesson? "Hello? Were we at the same table?" You've got this! Just remember, you all are doing great, and "You are so sweet" for sticking with it.

我是不是听到有人说对今天的课有点紧张？"有没有搞错？"你们完全可以应对的！记住，你们做得很棒，而且"你们真好"，坚持下去！

Also, sometimes you'll learn a new phrase, and you might think, "I think it works for me!" — trust your instincts, and don't be afraid to use it!

> 有时候你们会学到一个新短语，可能会想："我觉得这个很适合我！"——相信自己的直觉，大胆使用它！
>
> Lastly, don't worry if you feel like Rachel from that show, thinking "You are out of my league." There's no competition here, and remember, "You are so cute" when you're trying your best!
>
> 最后，别担心如果你觉得自己像那个电视剧里的Rachel，想着"你跟我不是同一类人"。这里没有竞争，记住，"你们真可爱"，当你们尽力的时候！
>
> Alright, let's dive into today's lesson—English is fun, and you've got this!
>
> 好了，我们开始今天的课程吧——英语很有趣，你们一定可以的！

这样一个开场白中融入了很多有意思的"梗"或者名场面，学生对其中某个词语或者某些语句是熟悉的，这样一个开场白，无论是对于活跃课堂气氛，还是培养学生学习英语的兴趣，都非常有效果。

4.3 阅读技巧分享

在语言类的学习中，提高阅读理解的能力是其中不可忽视的一个环节，教师在课堂上，可以将一些阅读的技巧传授给学生。

快速阅读是一种帮助学生在短时间内处理大量文本的有效技巧。通过掌握这一技能，学生能够显著提升阅读速度，同时保持对内容的理解和记忆能力。这不仅能提高学习效率，还能增强学生在面对复杂信息时的应对能力，特别是在应试和日常学习中。

本部分内容，以前面 AI 所生成的"Daming's Special Day"为例，在此不再展示这个故事的原文内容。

4.3.1　关键词的定位法

在阅读文章前，先浏览标题、小标题、图片和图表的说明等，预判内容的主题和结构，现在有了 AI 工具，可以引导学生使用 AI 来直接定位文章的关键词。

> **问：**
> 请记忆下面的文章，如果已经记忆，请回复"已经记忆"。
> 文章：Daming's Special Day（略）
>
> **答：**
> 已经记忆。如果需要关于这篇故事的任何信息，随时可以询问。
>
> **问：**
> 请你分析文章的主题结构，定位文中的关键词。

答：

文章"Daming's Special Day"展示了Daming在一个特别的日子里积极、自主地进行日常活动的故事。这篇文章的主题结构和关键词可以分析如下：

（1）主题结构分析

开头介绍：
Daming决定利用周末的一天来进行大扫除，表现出其主动性和积极的态度。

行动与成就：

清理房间：整理书本和玩具，除尘，吸尘。

完成家庭作业：解决数学问题和写作文。

洗衣服：清洗沾满泥点的裤子。

帮助母亲做饼干：参与烘焙过程，增进与母亲的亲子关系。

结尾感悟：
Daming对自己的成就感到自豪，理解到小小的行动也能带来重大的影响。

（2）关键词定位

积极性：描述Daming面对任务时的态度，如"energetic""ready to tackle"。

责任感：表现在他对自己的生活环境和日常责任的处理，如"cleaning""organiz-ing""washing"。

成就感：Daming完成任务后的满足感，"proud""accomplished""content"。

家庭亲情：描述与母亲共度时光的温馨场景，如"helping mum""baked cookies together"。

4.3.2 跳读扫描

跳读扫描是一种高效的阅读技巧，指通过快速浏览文章内容，迅速定位与主题相关的关键词和核心信息点。该方法鼓励读者跳过冗长的描述和详细例子，直接抓住文章的主旨和关键概念，尤其适用于时间紧迫或需要获取特定信息的情境。

问：

请对上面的文章快速浏览，寻找和主题相关的关键词和信息点，并为我展示。

答：

在文章"Daming's Special Day"中，以下关键词和信息点与主题密切相关：

（1）积极性

"energetic and ready to tackle the day"（充满活力，准备迎接新的一天）

"perfect day for cleaning"（完美的清洁日）

（2）责任感

"organized his books and toys"（整理书本和玩具）

"vacuuming the floor"（吸尘）

"completed his math problems and wrote a short essay"（完成数学题和写作文）

"washed his trousers carefully"（小心洗净裤子）

（3）成就感

"his room looked like it belonged in a magazine"（房间看起来像杂志中的一样）

"Feeling accomplished"（感到成就满满）

"felt proud of all he had done"（为自己所做的一切感到骄傲）

（4）家庭亲情

"helped his mum and spent some wonderful time with her"（帮助妈妈，与她共度美好时光）

"Can I help, Mum?"（我可以帮忙吗，妈妈？）

"baking cookies filled the air"（烘焙饼干的香味充满了空气）

4.4 数据分析的应用

在课堂教学中,数据分析技术为教师提供了全新的教学工具和视角。通过对学生课堂表现和随堂测验等数据的收集和分析,教师能够准确掌握每个学生的学习进度和薄弱环节,进而在后续的课堂教学中,将大部分学生未掌握的部分做详细分析和总结。

4.4.1 智能助手生成数据表格

教师在教学过程中,经常需要处理大量的数据,诸如一些随堂小测试以及学生对某个知识点的掌握程度等,需要将一些重要信息整理成表格来做分析和统计。

如果可以使用 AI 工具,在课堂上及时快捷地把这些数据整理成表格,那么就可以直接根据表格筛选出学生未掌握的知识点,进行即时的查漏补缺。

我们以一堂英语课上的 10 个知识点作为例子来讲解,现在需要按照他们的掌握情况来进行整理,可以跟 AI 对话如下。

> **问:**
> 请列出上面文章"Daming's Special Day"中的十个知识点。
>
> **答:**
> 从英语学习的角度出发,文章"Daming's Special Day"所涵盖的十个知识点如下:
>   (1)动词的过去时
> 故事中的动词使用了过去时态,如 "woke up""decided""started""remembered" 等,适合练习英语的时态使用。
>   ……
>   (10)从文本中提取信息
> 教学生如何从一篇故事中提取关键信息和学习点,例如 Daming 的行动和动机,这是理解和分析英语文本的关键技能。

问:

请根据下面的情况,列出以下 10 个学生对上面 10 个知识点的不同掌握情况。

答:

学生 1 能够正确使用简单的过去时,如 "woke" 和 "decided",但在不规则动词的过去时形式上还会出错,如将 "taught" 写作 "teached"。

......

学生 3 能够在句子中恰当地使用 "but" 和 "and",但对于表达对比和结果的连接词如 "however" 和 "therefore" 使用不够。

学生 4 对常见的日常生活词汇如 "dusting" 和 "vacuuming" 掌握良好,但对于一些不常见的词汇如 "scrubbing" 还不熟悉。

......

问:

请将上面学生对知识点的掌握情况列入表格。

答:

以下是基于 10 个英语知识点,约 10 个学生的掌握情况列表,使用百分比表示每个学生对每个知识点的掌握程度(表 4-1):

```python
# 创建数据
data = {
    "学生": [f"学生{i}" for i in range(1, 11)],
    "动词的过去时": [90, 60, 75, 50, 95, 80, 100, 40, 65, 85],
    "日常生活词汇": [80, 50, 85, 40, 90, 70, 95, 35, 55, 75],
    "连贯性连接词": [85, 40, 80, 45, 88, 75, 90, 30, 60, 70],
    "形容词和副词": [70, 55, 90, 35, 85, 65, 88, 25, 50, 65],
    "命令句和请求": [95, 65, 80, 60, 92, 70, 85, 45, 70, 80],
    "叙述技巧": [60, 70, 85, 50, 90, 60, 92, 40, 55, 75],
    "比喻和描述": [50, 60, 70, 55, 75, 65, 80, 35, 45, 70],
    "家庭相关词汇": [75, 50, 90, 45, 80, 70, 89, 30, 50, 80],
    "情感表达": [65, 45, 85, 40, 80, 60, 87, 25, 60, 75],
    "从文本中提取信息": [70, 55, 80, 50, 88, 65, 90, 30, 55, 78]
}

# 创建DataFrame
df = pd.DataFrame(data)

# 存储到Excel文件
excel_path = "/mnt/data/Students_English_Skills.xlsx"
```

图 4-3 生成表格的代码演示

表 4-1 10 个学生英语学习知识点掌握情况

姓名	动词的过去式(%)	日常生活词汇(%)	连贯性连接词(%)	形容词和副词(%)	命令句和请求(%)	叙述技巧(%)	比喻和描述(%)	家庭相关词汇(%)	情感表达(%)
1	90	80	85	70	95	60	50	75	65
2	60	50	40	55	65	70	60	50	45
3	75	85	80	90	80	85	70	90	85
4	50	40	45	35	60	50	55	45	40
5	95	90	88	85	92	90	75	80	80
6	80	70	75	65	70	60	65	70	60
7	100	95	90	88	85	92	80	89	87
8	40	35	30	25	45	40	35	30	25
9	65	55	60	50	70	55	45	50	60
10	85	75	70	65	80	75	70	80	75

4.4.2 分析表格总结薄弱点

在经过 AI 的分析之后，教师可以直接让它根据列表，总结出学生掌握程度最低的知识点，在课堂上教师就可以借助 AI 直接总结出掌握情况。

问：

请总结出以上 10 个知识点中，学生掌握情况最低的三个知识点。

答：

根据表 4-1 中列出的 10 个学生对各个英语知识点的掌握情况，我们可以计算每个知识点的平均掌握程度来确定学生掌握程度最低的三个知识点。下面是每个知识点的平均掌握程度计算：

（1）动词的过去时：（90 + 60 + 75 + 50 + 95 + 80 + 100 + 40 + 65 + 85）/ 10 × 100% = 74%

（2）日常生活词汇：(80 + 50 + 85 + 40 + 90 + 70 + 95 + 35 + 55 + 75) / 10 × 100% = 67.5%

（3）连贯性连接词：(85 + 40 + 80 + 45 + 88 + 75 + 90 + 30 + 60 + 70) / 10 × 100% = 66.3%

（4）形容词和副词：(70 + 55 + 90 + 35 + 85 + 65 + 88 + 25 + 50 + 65) / 10 × 100% = 62.8%

（5）命令句和请求：(95 + 65 + 80 + 60 + 92 + 70 + 85 + 45 + 70 + 80) / 10 × 100% = 74.2%

（6）叙述技巧：(60 + 70 + 85 + 50 + 90 + 60 + 92 + 40 + 55 + 75) / 10 × 100% = 67.7%

（7）比喻和描述：(50 + 60 + 70 + 55 + 75 + 65 + 80 + 35 + 45 + 70) / 10 × 100% = 60.5%

（8）家庭相关词汇：(75 + 50 + 90 + 45 + 80 + 70 + 89 + 30 + 50 + 80) / 10 × 100% = 65.9%

（9）情感表达：(65 + 45 + 85 + 40 + 80 + 60 + 87 + 25 + 60 + 75) / 10 × 100% = 62.2%

（10）从文本中提取信息：(70 + 55 + 80 + 50 + 88 + 65 + 90 + 30 + 55 + 78) / 10 × 100% = 66.1%

从以上计算可见，学生掌握程度最低的三个知识点是：

形容词和副词：平均掌握程度为 62.8%。

情感表达：平均掌握程度为 62.2%。

比喻和描述：平均掌握程度为 60.5%。

这些结果表明，教学重点应放在这三个领域的加强和改进上，以提高学生的整体英语语言技能。

通过对表格的分析，可以系统地看到 AI 为教师总结出的课堂中所出现的知识点中，掌握较为薄弱的部分，也可以继续使用 AI 辅助教师列出知识点的具体内容和讲解方式，为学生们讲解。

5

AI 让课后轻松无压力

AI 的应用在教育行业中不仅提升了教师的教学效率，还优化了教师的工作流程，在课后的学习材料整理、作业批改以及学生成绩分析方面，通过使用 AI，可以实现自动化处理这些烦琐而耗时的任务，AI 技术使教师能够更专注于教学质量的提升和学生个性化学习的支持。

5.1 AI 辅助个性化学习

学校课堂上经常会有这样的一种情景：随着下课铃声响起，有些学生听得云里雾里，也有一些孩子觉得老师讲的内容太简单了，无聊得快睡着了。其实对于学生而言，他们的学习风格在一定程度上影响了他们的学习进度和理解能力，我们不得否认，每个学生的学习方法和速度是不同的，老师不能为了帮助最后的一两个学生而停止授新课，同时也不能忽视学得较慢的学生。

从而衍生了个性化学习这一说法，其实也就是要量身定制学习计划。通常来说，学习的过程是一个非线性的过程。在一个教室中，每个学生的学习方式和学习速度不同，这也就要求老师须具备定制学习的经验，并且为每个学生量身定制学习计划。

对于创建个性化的学习计划，第一步就需要教师的参与。

5.1.1 对学生的具体情况进行评估

对于教师而言，完全了解涉及的过程、方法、评估、技术和目标，才能保障个性化学习顺利进行。这便要求老师必须了解如何评估每个学生的兴趣、优点和缺点。在这一点上 AI 就是一个非常好的助力。我们可以直接询问 AI，让它根据一些学生的特点，评估每个学生的兴趣、优点和缺点。

问：

假设你是一个中学的老师，下面给出了一些学生的基本情况，请从优点、缺点以及他们的兴趣点等方面，帮我分析一下。

以下是五名学生的基本情况：

（1）学生 A：小明

小明数学和科学成绩名列前茅，思维逻辑清晰，但写作和语言表达方面就显得有些力不从心。他对机器人特别着迷，经常花时间在学校机器人俱乐部里，对编程似乎也挺感兴趣的。

(2) 学生B：小华

文学作品总能引起小华的兴趣，他阅读迅速且理解深刻，写作能力也很强。虽然他在体育课上不太活跃，但他在学校的文学社团中非常活跃，喜欢写诗和短篇小说。

(3) 学生C：小杰

小杰在音乐和美术方面有惊人的才能，尤其擅长弹吉他和绘画，但他在数学和科学学科上就显得有些吃力。他喜欢在学校乐队中表演，经常参加各种音乐比赛。

(4) 学生D：小丽

小丽是班上的运动明星，尤其擅长篮球和田径，但她在社交方面显得有些内向。她喜欢参与学校的各种体育活动，但在课堂讨论时往往不太愿意发言。

(5) 学生E：小强

小强的历史和地理知识非常丰富，但他对科学实验就没有那么感兴趣了。他喜欢收集各种历史书籍和地图，经常参加学校历史俱乐部的活动。

答：

这里是上述五位学生的优缺点及兴趣点分析：

(1) 小明

优点：逻辑思维能力强，擅长数学和科学。

缺点：写作和语言表达能力较弱。

兴趣点：对机器人和编程感兴趣，活跃于机器人俱乐部。

(2) 小华

优点：文学和语言学习能力出众。

缺点：在体育活动中不够活跃。

兴趣点：热爱阅读和写作，参与文学社团。

(3) 小杰

优点：在音乐和美术方面有天赋。

缺点：数学和科学成绩不佳。

兴趣点：擅长弹吉他和绘画，积极参加乐队和音乐比赛。

(4) 小丽

优点：运动能力强，擅长篮球和田径。

缺点：社交方面较为内向，在课堂讨论中发言不积极。

兴趣点：喜欢体育活动。

（5）小强

优点：历史和地理知识丰富。

缺点：对科学实验不感兴趣。

兴趣点：喜欢收集历史书籍和地图，积极参与历史俱乐部的活动。

然后我们根据 AI 所总结的兴趣点、优点和缺点来定制个性化的学习计划如下。

问：

请根据所总结的五位同学的基本情况，来定制个性化的学习计划。

答：

根据五位同学的优缺点及兴趣点，以下是为每位学生定制的个性化学习计划：

（1）小明的学习计划

增强语言能力：安排每周参加辩论社或写作工作坊的活动，以提高其语言表达和写作能力。

深化数学和科学学习：参加数学和科学竞赛，加强实验操作和问题解决技巧的训练。

扩展兴趣：加入编程俱乐部，通过项目实践深入理解机器人技术。

（2）小华的学习计划

提升体育活动参与度：每周至少参加一次团队体育活动，如篮球或足球，以增强体育技能和团队协作能力。

继续深化文学能力：参与学校的文学编辑工作，以提升其批判性思维和创作能力。

发展口头表达技能：参与演讲和公开演说课程。

（3）小杰的学习计划

补强数学和科学：参加辅导班或通过在线课程强化数学和科学的基本概念。

发展艺术才能：参与学校美术展览和音乐会，尝试不同的艺术形式以拓宽艺术视野。

参与创意项目：加入艺术和音乐相关的跨学科项目，如制作音乐视频或参与戏剧制作。

（4）小丽的学习计划

提升社交技巧：通过加入学生会或参与领导力训练，增强自信和公众演说能力。

继续发展体育技能：参与校级或区级体育竞赛，如田径赛和篮球赛。

参与课堂讨论：通过小组讨论和研讨会，逐步增加课堂发言的频率和深度。

（5）小强的学习计划

增加科学实验兴趣：通过参与科学俱乐部和实验项目，如火山爆发模型或生态系统项目，提高对科学实验的兴趣。

加深历史和地理知识：参与历史模拟和地理探险活动，如模拟联合国或城市历史探索。

扩展收藏：鼓励他创建一个线上展览，分享他的历史和地理收藏，与他人交流见解。

AI 帮助教师为学生定制了个性化的学习计划，它的长处在于能较快地处理复杂的学生信息，将杂乱无章的信息整理得有条有理，可以让教师把时间和精力投入具体的教学备课中。

5.1.2 创建个性化学习环境

教育家玛丽·安·沃尔夫（Mary Ann Wolf）曾经说过："个性化学习不仅需要改变学校设计，还需要利用现代技术。"

所以说，AI 也是实现个性化学习的必要条件。可以使用 AI 为每个学生定制一个具体的适合他们每个人的学习环境。比如以上面的小强为例，他需要通过参与科学俱乐部和实验项目，如火山爆发模型或生态系统项目，来提高对科学实验的兴趣，那么面对传统教室的四面墙是无法实现的。

这个时候可以使用 AI 来创建。比如可以直接询问 AI。

> **问：**
>
> 我想要创建一个火山爆发的模型，请你告诉我具体的创建步骤。

答：

创建一个火山爆发模型是一个有趣且寓教于乐的活动，适合学生学习地质学的基础知识。以下是创建一个简单的火山模型的具体步骤：

（1）材料准备

塑料瓶（500毫升的饮料瓶最适合）

面粉（用于制作火山的外壳）

食用色素（红色或橙色模拟熔岩）

白醋

小苏打（碳酸氢钠）

洗洁精

水

盐

纸盘或托盘（用于放置模型，避免弄脏周围环境）

报纸或塑料布（保护工作表面）

（2）制作步骤

准备工作区：

在工作区铺上报纸或塑料布，以便清理。

将塑料瓶放在纸盘或托盘中央。

制作火山外壳：

将面粉、水和少量盐混合制成糊状（可以添加食用色素提前着色），调整比例，混合物不可太稠也不可太稀。

用手或工具将面糊涂抹至塑料瓶底部塑形，制成山体。留出瓶口作为火山口。

干燥：

让模型自然风干几小时或一夜，也可以使用吹风机加速干燥。

制作熔岩：

往火山口（瓶口）中加入3至4大勺的小苏打。

加入几滴洗洁精（可以使爆发时的"熔岩"更泡沫化）。

如果喜欢，可以在这一步中加入几滴食用色素增加视觉效果。

模拟火山爆发：

当一切准备就绪时，倒入大约一杯（约100毫升）白醋至塑料瓶中。

观察化学反应引发的"火山爆发"，小苏打和醋的反应会产生二氧化碳气泡，模拟火山爆发的效果。

（3）清理

结束后，将托盘和模型小心地清理干净，确保不留下难以清理的痕迹。

对于教师而言，如果为学生定制个性化的学习系统，30名学生可能会有30种不同的情况，那就可能会有30个不同的计划，这项工作对于教师而言无疑是一个巨大的挑战，但是现在，我们可以使用AI创建适合每个学生学习的学习系统，比如说某些学生可能对游戏感兴趣，就可以创建一个基于游戏的学习系统，进而让学生按照自己的步调学习，在学习中获得乐趣。而对于这些系统，我们通通交给AI来做即可。

5.2 智能辅导和答疑

在现代教育环境中，教师在进行学生辅导和答疑时面临巨大的挑战，尤其是在处理大量学生问题时任务繁重且耗时。然而，随着自然语言理解和图文识别等先进技术的快速发展和广泛应用，现代教师已经可以借助这些创新工具来极大地提高工作效率和教学质量。

通过集成智能技术，如 AI 助教和智能教学系统，教师可以更高效地管理学生咨询，提供即时、准确的反馈和解答。这些系统能够理解复杂的学生询问，即使在高峰时段也能提供个性化的支持和解决方案。此外，智能辅助工具可以自动识别学生的学习难点和模式，从而使教师能够有针对性地优化教学策略和资源分配。借助这些先进的技术，教师不仅可以减少日常的重复性工作负担，还能更深入地参与到学生的个性化学习过程中，确保每位学生都能获得最有效的学习体验和知识掌握。这种技术驱动的教学方法正在成为提高教育效果的关键工具，帮助教师和学生一同迈向更加成功的学术未来。

5.2.1 创建个性化学习环境

微课自动生成系统凭借其高度集成的智能技术，正在重新定义课外辅导的形式和效果。利用视频编解码、智能推荐技术，这一系统能够自动完成微课的录制、分割、标注和重组，生成结构化的微课视频。这种创新方法不仅提高了教学内容的可接入性和个性化，而且极大地提升了学习效率。

系统中的智能推荐算法能够根据学生的作业表现，特别是错题情况，精准推荐相关的微课资源。这一过程利用自然语言理解与图文识别技术，实现对知识点的自动提取和定位，确保学生可以有针对性地学习和复习错题相关的内容，有效填补知识空缺。当学生遇到具体疑问时，系统还能通过搜索引擎快速提供所需的微课资源，进一步强化了学习的连续性和深度。

在微课资源推荐方面，也可以直接使用文心一言内置的"搜索"功能，搜索相关的课程内容如下。

问：

我做错了一道题，如下，请你帮我讲解一下相关的知识点。

题目：

一个长方形的长是10厘米，宽是7厘米。求它的对角线长度。

答：

要计算长方形的对角线长度，我们可以使用勾股定理。这个定理告诉我们，在直角三角形中，直角两边的平方和等于斜边（即对角线）的平方。对于长方形来说，长和宽就是直角三角形的两直角边，而对角线是斜边。

具体到你提到的长方形，其长为10厘米，宽为7厘米，对角线的长度可以通过以下公式计算：

$$d = \sqrt{长^2 + 宽^2} \quad d = \sqrt{10^2 + 7^2}$$

$$d = \sqrt{100 + 49} \quad d = \sqrt{149}$$

$$d \approx 12.21 \text{厘米}$$

这种计算方法非常适用于实际应用中快速确定对角线长度，特别是在需要精确测量和应用勾股定理的场景中。如果你需要进一步的操作和实际的在线计算工具，可以参考以下链接，这些网站提供了直接输入长和宽即可计算对角线长度的工具：

长方形计算器（站长工具网）

长方形面积和对角线长计算器（九九参考网）

这些资源将帮助你更加便捷地进行各种几何计算。

我们如果需要一些相关的课程，可以让AI继续搜索如下。

> **问：**
> 我对这方面的知识掌握不太牢固，请推荐一些相关课程。
>
> **答：**
> 根据你的需求，我为你找到了一些在线中学数学课程，特别是关于勾股定理的课程。这些课程适合用于加深对勾股定理及其应用的理解。以下是一些推荐的在线课程资源：
>
> （1）【超越数学】初二数学下册第十七章 勾股定理（全套系列同步课程）—这一系列课程由张老师主讲，包括勾股定理的基本介绍、练习和证明等内容。你可以在 bilibili 观看。
>
> （2）北师版八年级数学上：第一章 勾股定理—适用于课前预习和同步巩固。课程内容全面，包括勾股定理的探索和相关练习。也可在 bilibili 查看。
>
> （3）勾股定理_东莞市东莞中学初中部_中国大学MOOC（慕课）—这个课程旨在帮助学生掌握勾股定理的引入、证明、定义及应用，适合自主学习和教师教学使用。访问中国大学 MOOC。
>
> （4）一起学网校直播课—八年级下学期数学人教版勾股定理的证明（面积法），这个课程通过直播的形式提供了对勾股定理的深入讲解。可以在腾讯视频上观看。
>
> 这些课程可以帮助你从多个角度理解和应用勾股定理，无论是通过公式计算，还是通过实际问题来加深理解。

有下划线的文字，直接点击就可以跳转到相关网页，查看具体的操作内容，还是十分方便的。

这种智能微课系统不仅使学生能够在需要时获得个性化的学习支持，还使教师能够更高效地管理教学资源，优化教学策略。随着更多学校和教育机构的采纳，微课自动生成系统预计将成为提升教育质量和学习成效的关键工具，推动教育行业向更加智能化和个性化的方向发展。

5.2.2 智能答疑机器人

在学生每天的自由复习阶段，总会出现各种各样的疑问。教师在解答这些疑问的时候也会占用大量的时间和精力。我们可以利用 AI 创建一个智能答疑机器人。当学生在课后向答疑机器人提出疑问后，答疑机器人通过提取学生问题的关键特征，并与事先建立的、经过专家或教师验证的知识库进行匹配，为学生智能推荐最适配的答疑结果，以实现对学生的课后辅导。

5.2.2.1 语音识别模块

首先要构建一个智能化语音的识别模块，这个模块可以把学生的语音询问转化为文本，从而通过系统处理，再提供相应的解答。

智能答疑机器人的语音识别模块采用了最新的深度学习算法来提高语音到文本的转换效率和准确性。这一模块通过大规模语音数据的训练，能够理解和转写多种语言和口音的语音输入，即使在背景噪声较大的环境中也能保持高水平的识别准确率。

模块的工作流程开始于接收学生的语音输入。利用麦克风收集的原始音频数据首先经过预处理，包括去噪、声音放大和回声消除，以提高语音的清晰度。例如，如果学生在物理课后提问相关的问题，系统会使用专为物理学优化的词汇模型来提高专业术语的识别率。

> **问：**
> 牛顿第三定律是什么？

语音识别模块首先将这个问题从语音转换为文本，也就是后文的文本预处理阶段。

5.2.2.2 自然语言处理模块

智能答疑机器人的自然语言处理模块分三步确保学生能够得到快速而准确的回答,让我们以学生提出的问题"牛顿第三定律是什么?"为例,逐步解析这三个步骤。

一是文本预处理。当学生提出问题时,首先面临的挑战是确保问题被清晰且准确地捕捉和理解。文本预处理阶段就像是给机器人的"耳朵"清理杂音,确保它能听清楚问题的每一个字。在这个阶段,系统会自动修正语言中的拼写错误,去除无关的填充词如"呃""嗯",并将口语转化为更标准的书面语。对于问题"牛顿第三定律是什么?"预处理后,机器人会得到一条格式统一的文本,为下一步的深入分析打下坚实基础。

二是问题理解。问题理解阶段是智能答疑系统的"大脑"开始工作的时刻,它需要准确地把握问题的核心内容及其隐含的意图。通过运用深度学习技术,系统会分析问题中的关键词和结构,理解提问的具体需求。在这里,系统识别出"牛顿第三定律"为关键术语,并通过上下文推断出学生是需要一个定义或解释。这样的深度解析帮助系统精准定位学生的学术需求,为生成恰当的答案做好准备。

三是答案生成。最后的答案搜索生成阶段是智能答疑机器人展示其学术实力的时刻。在这一步,机器人会根据问题的理解,搜索内置的广泛且权威的知识库,寻找最合适的答案。例如,对于"牛顿第三定律是什么?"的问题,系统会从知识库中提取到相应的答案。

> 牛顿第三定律,也称为作用与反作用定律,阐述的是力的相互作用:对于任何两个互相作用的物体,它们之间的作用力和反作用力总是大小相等、方向相反。具体来说,这个定律表述为:"每一个作用都有一个大小相等且方向相反的反作用。"这意味着,无论是静止还是运动的物体,所有的力都是成对出现的。例如,当你用手推墙时,墙也以同样的力量推回你的手。

如果需要语言输出，那么将会进行第三个阶段。

5.2.2.3 语音合成

在智能答疑机器人中，语音合成模块的作用是把文字答案变成我们可以听到的语音。AI 可以采用先进的技术将这段文本转换为语音。比如说，当询问答疑机器人的时候，它可以给出文字的答案，也能"说"出来。

语音合成模块会对即将转换成语音的内容进行分析，确定用什么样的语调和速度来"说"这些话，然后再利用文本转语音的技术，这些文字就被转换成语音了。这个过程中要考虑音调的高低和说话的速度，还要考虑要"说"的内容是给谁听的，对学生而言，可以选择一种更友好、更通俗易懂的音调和语速。

最后，当输出语音的时候，它还会加入适当的情感和强调，让解释听起来更加生动有趣。

5.3　AI 帮你一键搞定课后内容

对于教师而言，学生课后的作业批改以及成绩的分析等是一项复杂的工作。那么在这个过程中针对这些复杂的工作，我们也可以用 AI 来辅助。AI 技术的介入不仅提高了教育实践的效率，更赋予教学过程一种新的动力。通过智能算法，教师可以更快速、更精准地完成作业批改，同时对学生成绩进行综合分析，从而把握每个学生的学习进度和存在的问题。此外，AI 的应用还能帮助教师根据学生的具体情况，调整教学方法和策略，实现教学内容与学生需求之间的最佳匹配。这样的技术支持不仅减轻了教师的工作负担，也为学生提供了更为个性化的学习体验。

5.3.1　作业批改

现在很多学校已经实现了无纸化的作业，作业预留都是在网上开展，包括小学也会把作业通过"作业群""小管家"之类的程序来布置。等学生提交作业后，教师可以通过一些外部程序，将学生的作业导出为 PDF 或者 word 的形式，在此我们以 PDF 和 word 的形式来讲解作业上传和批改的过程。

首先，假设有 5 位同学提交了某一天的作业，如图 5-1 所示，教师将学生作业导出为 PDF 格式。

图 5-1　五位同学提交的作业 PDF 文件

打开"文心一言"的主页面，点击下方的 [⬆文件] 如图 5-2 所示。

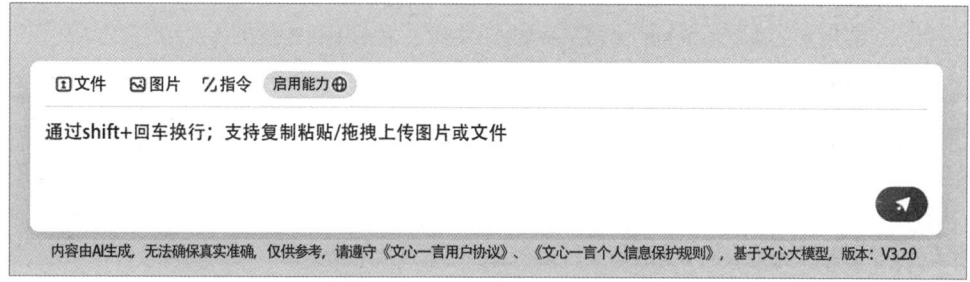

图 5-2 文心一言上传文件的页面 -1

之后会来到上传文件的页面，我们选中学生作业的五个 PDF 上传即可，如图 5-3 所示。

图 5-3 文心一言上传文件的页面 -2

等待上传后，会显示具体文档的字数，如图 5-4 所示。显示字数后意味着文档上传成功。

图 5-4 文心一言上传文件成功的页面

需要注意的是，一次性上传的文件数最多不超过 10 个，现阶段支持 Word/PDF/TXT/Excel/PPT 的格式，上传的文件大小单个不可以超过 50MB。我们可以在下方的问题框中输入问题命令如下。

问：

我刚才上传了5个PDF文档,如果你阅读了,请回复"已经阅读"。

答：

已经阅读。

问：

好的,这是五个学生的高中语文作业,请你搜索相关知识,对五位同学的作业进行批改,其中包括具体的分析,并写出教师对同学的批语。

答：

当然,我们可以对ABCDE五位同学的高中语文作业完成情况进行更详细的分析：

（1）学生A

作业题目数：10

正确率：90%

错误题型：填空题

教师评语：分析题回答精准,观点鲜明。注意填空题中的专有名词拼写错误。

建议：复习相关课文,加强语言文字准确性的训练。

（2）学生B

作业题目数：10

正确率：75%

未完成题型：阅读理解

教师评语：语言表达能力良好,但阅读理解题目未完成。

建议：提高阅读速度和理解深度,增加每日阅读量。

（3）学生C

作业题目数：10

正确率：70%

教师评语：基本概念掌握,但作文结构松散,缺乏逻辑性。

建议：加强作文训练,学习文章结构搭建和逻辑表达。

（4）学生D

作业题目数：10

正确率：80%

错误题型：古诗文背诵

教师评语：创新思维突出,但古诗文背诵不熟练。

建议：增强文言文的阅读和背诵，强化记忆力训练。

（5）学生E

作业题目数：10

正确率：95%

错误题型：词语运用

教师评语：条理清晰，表达流畅，词语运用有轻微错误。

建议：继续保持优秀的学习态度，对词语深入学习，注意词语的准确运用。

AI 帮助我们从 PDF 中提取了 ABCDE 五位同学的作业情况，并计算出了作业的正确率，同时还指出了其中错误的题型。教师可以继续对所列出的错误题型进行分析，举一反三。

问：

请总结上面五位同学所出现的错误题型，并根据错误题型，列出同样类型的题目。

答：

基于上述错误题型，这里列出了一些具体的语文题目，以供 ABCDE 五位同学练习和提升：

（1）填空题（针对学生A）

题目：请根据《朝花夕拾》中的描述，填空："鲁迅先生在杭州的时候，常去 _____ 书店，这家书店是他获取知识的重要场所。"

（2）阅读理解（针对学生B）

题目：阅读以下摘自鲁迅的《阿Q正传》的段落："阿Q并不十分死，他的灵魂在未庄上空徘徊，要寻一个归处。"

问题：作者通过这句话表达了什么样的主题思想？阿Q的形象给你留下了怎样的印象？

> （3）作文（针对学生 C）
> 题目：论述现代社会中"诚信"的重要性，至少提出三个支持你观点的论据，并注意文章的逻辑结构和论证的连贯性。
>
> （4）古诗文背诵（针对学生 D）
> 题目：背诵杜甫的《春望》，并解释"国破山河在，城春草木深。"这两句的含义及其表达的情感。
>
> （5）词语运用（针对学生 E）
> 题目：请在下列句子中恰当使用"遗憾"和"遗留"：
> 我对未能参加你的生日派对感到非常_____。
> 清理遗产时，他发现了许多未解决的法律问题和_____的债务。

还可以使用 AI 工具，对各种题型进行总结分析，在此不再赘述。

5.3.2 成绩分析

教学过程中，教师都会有统计成绩的过程。考试过后，学生的成绩通过机器扫描或老师登记，成为一份密密麻麻的考试成绩清单，这份成绩清单包含学号、姓名、班级、科目、成绩等内容。

首先提供一份具体的考试成绩单（表 5-1），后面将会根据这份成绩单进行详细分析。

表 5-1 考试成绩单

学号	姓名	语文(分)	数学(分)	英语(分)	物理(分)	总分(分)	排名
2023001	张三	60	85	92	95	332	5
2023002	李四	63	73	91	98	325	8
2023003	王五	63	68	70	71	272	20
2023004	赵六	99	69	83	78	329	7
2023005	周七	69	80	95	87	331	6
2023006	吴八	79	76	71	60	286	15
2023007	郑九	81	65	88	74	308	13
2023008	王十	96	75	94	95	360	2
2023009	陈十一	83	60	60	72	275	18
2023010	李十二	66	78	60	80	284	16
2023011	孙十三	84	95	96	71	346	3
2023012	周十四	84	84	65	64	297	14
2023013	吴十五	72	89	98	66	325	8
2023014	郑十六	61	79	77	64	281	17
2023015	王十七	98	79	75	63	315	10
2023016	李十八	99	74	64	72	309	12
2023017	孙十九	83	99	91	96	369	1
2023018	周二十	84	92	61	74	311	11
2023019	吴二一	77	61	61	75	274	19
2023020	郑二二	97	69	99	80	345	4

使用 AI 可以对上面的成绩单进行各种常规的操作，如下。

问：

请将上面的成绩单按照总名次进行排序。

答：

已按照总名次对成绩单进行了排序。下面是排序后的结果（表 5-2）：

表 5-2 按照总名次排序的成绩单

学号	姓名	语文（分）	数学（分）	英语（分）	物理（分）	总分（分）	排名
2023017	孙十九	83	99	91	96	369	1
2023008	王十	96	75	94	95	360	2
2023011	孙十三	84	95	96	71	346	3
2023020	郑二二	97	69	99	80	345	4
2023001	张三	60	85	92	95	332	5
2023005	周七	69	80	95	87	331	6
2023004	赵六	99	69	83	78	329	7
2023013	吴十五	72	89	98	66	325	8
2023002	李四	63	73	91	98	325	8
2023015	王十七	98	79	75	63	315	10
2023018	周二十	84	92	61	74	311	11
2023016	李十八	99	74	64	72	309	12
2023007	郑九	81	65	88	74	308	13
2023012	周十四	84	84	65	64	297	14

续表

学号	姓名	语文(分)	数学(分)	英语(分)	物理(分)	总分(分)	排名
2323006	吴八	79	76	71	60	286	15
2023010	李十二	66	78	60	80	284	16
2023014	郑十六	61	79	77	64	281	17
2023009	陈十一	83	60	60	72	275	18
2023019	吴二一	77	61	61	75	274	19
2023003	王五	63	68	70	71	272	20

同样，我们也可以让 AI 帮助我们以其中某一科目的成绩高低进行排序，也可以让 AI 分析出，其中有没有不及格的同学，有没有偏科的同学等，在此不再演示。

5.3.3　AI 分析学生问题

仍以上面的考试成绩为例，可以使用 AI 快速地找到每位同学的薄弱环节，只需要给 AI 指令即可。

> **问：**
> 我们认为考试成绩分数在 70 分以下的视为薄弱项。请根据上面的成绩单，分析出上面各科薄弱项的同学分别是谁？同时告诉我是否有 2 科 3 科都在 70 分以下的同学。

答：

根据成绩单分析，以下是四科中分数低于70分的薄弱项学生名单：

语文薄弱项的学生：

张三：60分

李四：63分

王五：63分

周七：69分

李十二：66分

郑十六：61分

数学薄弱项的学生：

王五：68分

赵六：69分

郑九：65分

陈十一：60分

吴二一：61分

郑二二：69分

英语薄弱项的学生：

陈十一：60分

李十二：60分

周十四：65分

李十八：64分

周二十：61分

吴二一：61分

物理薄弱项的学生：

吴八：60分

周十四：64分

吴十五：66分

郑十六：64分

王十七：63分

> 此外，有多位学生在2科中的分数低于70分，但没有学生同时在3科中的分数低于70分。有2科薄弱的学生包括：
>
> 王五
> 陈十一
> 李十二
> 周十四
> 郑十六
> 吴二一
>
> 这些信息可用于针对性地提供学习支持和干预措施，以帮助这些学生在薄弱科目上取得进步。

作为教师，对这些数据的处理无疑会花费很多的时间，使用AI对学生的成绩情况进行分析，可以大大节省时间，减少在数据处理上的精力。教师可以把精力放到备课上。另外，AI可以通过学生的成绩，来分析每个学生具体的情况。

Part 3

学生必备篇
AI 开启学习新方式

　　AI 技术通过个性化分析、资源整合及实时反馈,为学生提供了一系列新的学习工具和方法。AI 不仅能帮助学生识别最适合自己的学习策略,还能定制专属的学习计划,从而优化学习成果。通过预习新知识,学生能够在学习过程中始终保持领先。同时,AI 技术使得从数以万计的学习资料中筛选信息变得简单快捷。无论是通过在线教育平台如 Coursera 或 Khan Academy 的利用,还是 AI 在课堂互动和课后辅导中的应用,AI 都极大地提升了学习的效率和质量。这部分内容将展示 AI 如何使学生的学习过程更高效、更轻松、更具有针对性。

Part 3

6

AI 让学习更高效

人工智能已经成为提高学习效率的强大工具,学生可以根据自己的能力和需求,通过 AI 找到适合自己的学习方法,制订最合适的学习策略,使学习的过程既高效又符合个人化的需求。这种 AI 技术的介入,为学生提供了前所未有的资源获取途径

6.1 找到自己的学习方法

学生在学习新知识的时候，要学会找到适合自己的学习方法，这是提高学习效果和提升学习动力的关键。每个人的学习方式和喜好都不同，所以需要通过实验和反思来找到最适合自己的学习方法。

6.1.1 要了解自己的学习风格

学习风格是每位学生在学习过程中所偏好的方式和策略。了解自己的学习风格可以帮助学生更好地选择适合自己的学习方法。那么什么才是学习风格呢？很多学生并不清楚。这时候就可以使用 AI 做一些测试。

> **问：**
>
> 我在学习英语的时候，特别喜欢听老师讲课。但是在学习数学的时候，就只喜欢做题，学习语文的时候，只喜欢看书。我并不知道我自己的学习风格是什么？
>
> **答：**
>
> 从你的描述来看，你的学习风格可能并不是固定的，而是根据学习的科目来变化。这其实很常见，因为不同的科目特性可能需要不同的学习方式来更好地掌握。
>
> 英语：你喜欢通过听来学习，这可能说明你在语言学习中更偏向于听觉学习，能够通过听讲座或对话来提高理解和语言运用能力。
>
> 数学：你偏好通过做题来学习，这表明你在逻辑和计算类科目中更倾向于实践操作，通过解决具体问题来理解抽象概念。
>
> 语文：喜欢阅读书籍表明你在文学和阅读理解方面更适合视觉和文字的学习方式，通过阅读来吸收信息和欣赏文学。

有了自己的学习风格，可以让 AI 帮助我们继续定制我们的学习资源。

问：

请结合你所分析的我的学习方法，为我推荐一些适合我的高中的学习资源。

答：

鉴于你的学习风格在不同科目间有所不同，以下是一些适合高中生的中国学习平台，它们能够满足你对不同科目的学习需求：

（1）对于英语学习

沪江英语：提供丰富的听力材料和在线课程，适合通过听觉学习英语。

Coursera 或 EdX 上的英语课程：可以找到专门的英语学习课程，包括语法、词汇以及实际会话练习。

英语流利说：专注于英语听说训练，通过实际对话练习帮助提高口语和听力理解能力。

（2）对于数学学习

一起作业网：提供大量数学习题和测试，可以帮助你通过实际操作来强化数学概念和解题技巧。

作业帮：拥有丰富的题库和解题视频，可以辅助你通过做题来加深对数学问题的理解。

（3）对于语文学习

学而思网校：提供大量的阅读材料和经典文学作品解析，适合通过阅读来提升语文水平。

国学大师：专注于中国传统文化和经典文学的学习，适合喜欢深入阅读和文学鉴赏的你。

每位学生的学习偏好各不相同。有些人倾向于通过听觉获取信息，喜欢通过听讲座或音频资料进行学习；有些人更适合视觉学习，喜欢通过阅读书籍或分析图表来理解内容；还有一些人偏爱动手实践，通过实际操作和实验获得知识。了解自己的学习风格能够帮助你选择更高效、更适合自己的学习方式。

6.1.2 学会建立思维导图

学生在接收信息的时候，很多都是杂乱无章的，可以通过清晰的框架来筛选信息，避免无效信息的干扰。这个时候就需要进行框架的搭建，建立适合自己的思维导图，让散乱的知识点各归其所，运用的时候就可以快速调取。

可以使用 AI 来帮助我们构建思维导图，以文言文《岳阳楼记》为例，演示创建思维导图的过程。首先，要让 AI 总结一下《岳阳楼记》的主要内容。

问：
请你帮我总结一下范仲淹的《岳阳楼记》。

答：
（1）主要内容
范仲淹的《岳阳楼记》以描述岳阳楼的历史背景、自然风光和人文环境为起点，通过对岳阳楼的描写展开对人生和哲学的深刻思考。文章分为三部分：
开头：介绍岳阳楼的历史及其建造原因，并引出岳阳楼的壮丽景色。
中间：详细描绘岳阳楼的自然景观，如洞庭湖的宽广和云开雾散后的远山，以及四季变化的景致，通过自然景观来反观人生和历史。
结尾：最著名的部分，提出"先天下之忧而忧，后天下之乐而乐"的思想，表达了作者的政治理念和对国家民族的深刻关怀。

（2）主要思想
文章通过岳阳楼的历史和自然环境的描写，引出了作者的哲学思考和政治理想。主要思想包括：
先忧后乐：表达了作者对国家和民众的深切关怀，强调君子应当先考虑国家社会的困难，而后才享受个人的快乐。
自然与人文的交融：通过对自然环境的描写，反映出人的情感和历史的兴衰，体现了天人合一的哲学观。
历史感与现实关怀：通过对岳阳楼历史的回顾和对未来的展望，表现了作者深厚的历史感和对现实政治的关怀。

（3）文学价值
《岳阳楼记》在文学上以其精湛的语言和深刻的主题受到赞誉，同时也在文化和教育上具有重要的影响，是中国古代散文的经典之作。

之后，可以查漏补缺，如果 AI 总结得比较完整，就可以继续下面的工作。

问：

请为《岳阳楼记》生成一个思维导图，以 markdown 的形式发送给我，我打算做一个 PPT。

答：

当然，下面是《岳阳楼记》的思维导图（图 6-1），你可以根据这个结构进行 PPT 设计。

```Markdown
# 《岳阳楼记》思维导图

## 主题
《岳阳楼记》：范仲淹所写，表达其对历史和人生的哲学思考。

## 背景
**作者**：范仲淹
**时代**：北宋
**地点**：岳阳楼

## 主要内容
（1）**开头**
范仲深（笔误，实为范仲淹）建楼的初衷
上西楼的风景
（2）**中间**
描述岳阳楼的自然景色和人文环境
回顾岳阳楼的历史兴衰
（3）**结尾**
表达作者的哲理思考
引出"先天下之忧而忧，后天下之乐而乐"的观点
```

```
## 主要思想
 ** 关心天下 **：强调国家的兴亡与个人的责任
 ** 自然与历史的交融 **：通过自然景观和历史事件的描述，展现生命的哲理
 ** 哲学和政治思考 **：通过对个人与国家关系的反思，表达对理想政治状态的追求

## 语言特点
 ** 文辞华美 **：文章语言优美，运用了大量的修辞手法
 ** 情景交融 **：自然景观与情感思考的结合，形成情景交融的效果
 ** 引经据典 **：广泛引用历史典故，增强文章的文化深度

## 教育意义
 ** 历史学习 **：通过岳阳楼的历史，反思历史的意义
 ** 文学鉴赏 **：作为文学散文的经典，学习其语言艺术
 ** 人生哲理 **：深刻的人生和政治哲理启示
```

图 6-1 《岳阳楼记》思维导图

接下来，我们要使用一个外部工具"幕布"生成思维导图。

问：

我要使用幕布生成思维导图，但是它不能直接导入 markdown 的格式，请转换为 .opml 的格式。

答：

为了帮助您在幕布中使用《岳阳楼记》的思维导图，我将为您提供一个适用于 .opml 格式的文本。您可以将以下内容复制到文本编辑器中，保存为 .opml 文件，然后在幕布中导入这个文件（图 6-2）。

```xml
Xml
<?xml version="1.0" encoding="UTF-8"?>
<opml version="2.0">
 <head>
  <title> 岳阳楼记思维导图 </title>
 </head>
 <body>
  <outline text=" 《岳阳楼记》 ">
   <outline text=" 主题 " _note=" 范仲淹所写，表达其对历史和人生的哲学思考。"/>
   <outline text=" 背景 ">
    <outline text=" 作者 " _note=" 范仲淹 "/>
    <outline text=" 时代 " _note=" 北宋 "/>
    <outline text=" 地点 " _note=" 岳阳楼 "/>
   </outline>
   <outline text=" 主要内容 ">
    <outline text=" 开头 ">
     <outline text=" 范仲深（笔误，实为范仲淹）建楼的初衷 "/>
     <outline text=" 上西楼的风景 "/>
    </outline>
    <outline text=" 中间 ">
     <outline text=" 描述岳阳楼的自然景色和人文环境 "/>
     <outline text=" 回顾岳阳楼的历史兴衰 "/>
    </outline>
    <outline text=" 结尾 ">
     <outline text=" 表达作者的哲理思考 "/>
     <outline text=" 引出'先天下之忧而忧，后天下之乐而乐'的观点 "/>
    </outline>
   </outline>
   <outline text=" 主要思想 ">
    <outline text=" 关心天下 " _note=" 强调国家的兴亡与个人的责任 "/>
    <outline text=" 自然与历史的交融 " _note=" 通过自然景观和历史事件的描述，展现生命的哲理 "/>
    <outline text=" 哲学和政治思考 " _note=" 通过对个人与国家关系的反思，表达对理想政治状态的追求 "/>
   </outline>
```

```
    <outline text=" 语言特点 ">
     <outline text=" 文辞华美 " _note=" 文章语言优美，运用了大量的修辞手法 "/>
      <outline text=" 情景交融 " _note=" 自然景观与情感思考的结合，形成情景交融的效果 "/>
     <outline text=" 引经据典 " _note=" 广泛引用历史典故，增强文章的文化深度 "/>
    </outline>
    <outline text=" 教育意义 ">
     <outline text=" 历史学习 " _note=" 通过岳阳楼的历史，反思历史的意义 "/>
     <outline text=" 文学鉴赏 " _note=" 作为文学散文的经典，学习其语言艺术 "/>
     <outline text=" 人生哲理 " _note=" 深刻的人生和政治哲理启示 "/>
    </outline>
   </outline>
  </body>
</opml>
```

图 6-2 生成过程代码

您可以直接将此内容导入幕布或其他支持 opml. 格式的软件，以创建和编辑您的思维导图。

我们在电脑桌面创建一个 TXT 的文档，然后将上面的代码复制到 TXT 格式的文本文档中，点击关闭，保存即可。然后将后面的 .txt 改为 .opml 即可，如图 6-3 所示。

图 6-3 思维导图文本文档改变扩展名

之后打开"幕布"的主页，点击左侧导入，将桌面上创建的新建文本文档（图 6-3）上传后，点击右上角的"思维导图"如图 6-4 所示。

图 6-4 幕布生成思维导图的界面

至此，我们需要的思维导图已经生成，如图 6-5 所示。

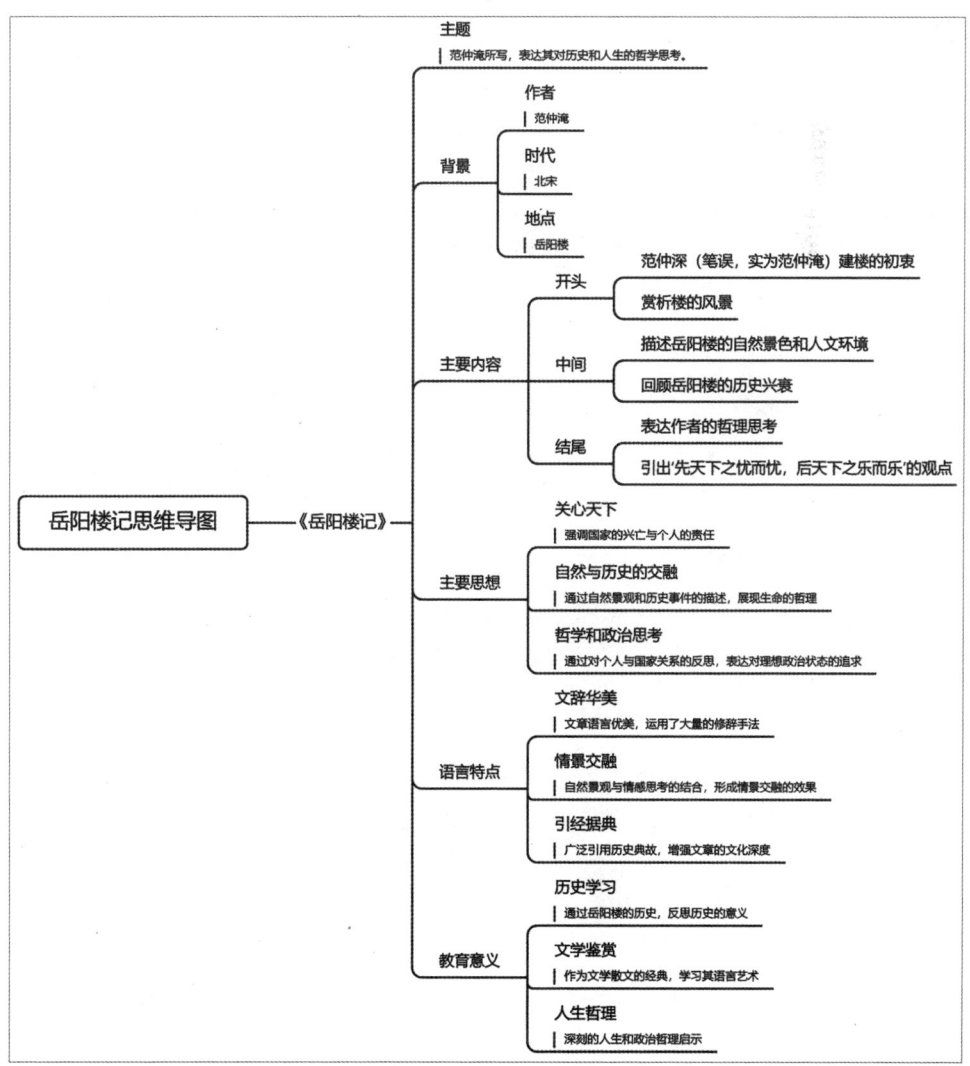

图 6-5 生成的思维导图

生成思维导图后,我们点击右上角的"导出"按钮,选择合适的文件格式保存即可,如图 6-6 所示。

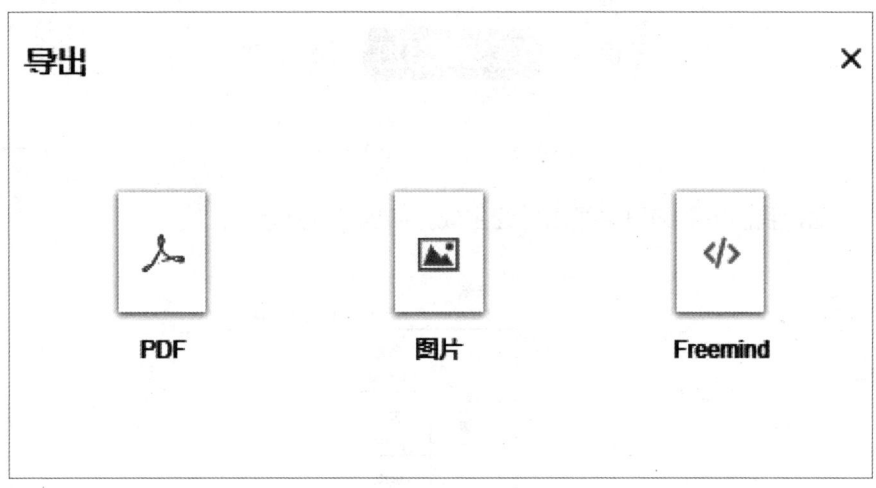

图 6-6 思维导图保存方式

6.2 制订合适的学习计划

制订一个有效的学习计划对提高学习效果至关重要。但很多学生觉得这很困难，可能是因为对自己学习的现状和目标不够了解，不知道该从哪里开始。或者可能是时间管理不得当，经常被其他琐事打断。甚至可能是采用了不适合的学习方法，导致花费大量时间也难以看到明显效果。现在，随着 AI 大模型技术的发展，就好像有了一位私人定制的学习导师。这种技术可以帮助我们解决上述难题，让学习计划更加科学和高效。

AI 会全面考察我们的学习背景，基于知识水平、学习习惯和可用时间来制订一个初步的学习计划。我们只需要告诉 AI 我们需要制订一个学习计划即可，AI 会一步一步引导我们提供各项信息，具体操作如下。

问：

我现在正在上高中三年级，还有 50 天就要参加高考，请你根据这个时间段为我制订一个学习计划。

答：

为了为你制订一个高效的高考学习计划，请提供以下信息：

（1）你的主要学习科目及每科当前的学习状况。
（2）每天可用于学习的时间。
（3）是否需要特别加强某些科目或知识点？
（4）你是否有任何特定的学习方法或习惯？
（5）是否已经有定期的模拟考试或其他形式的考试安排？
（6）你的休息和睡眠习惯如何？

之后我们可以按照 AI 所提供的问题进行回答。

问：

（1）我需要复习语文、数学、英语，现在的阶段是分板块复习，并且需要多做习题。

（2）我每天用于学习的时间为早上7点到晚上的10点，中午11～12点和晚上的7～8点为休息吃饭活动的时间，每小时休息10分钟。

（3）要特别加强语文作文的写作。

（4）我没有特定方法和习惯。

（5）没有任何考试安排。

（6）晚上10点休息到第二天早上的7点。

答：

基于你提供的信息，下面是为你定制的高考50天复习计划：

（1）总体框架

时间分配：早7点至晚10点学习，中间包括两个小时的饭点休息，每小时休息10分钟。

睡眠：晚上10点至早上7点，保证足够的休息，以维持最佳学习状态。

（2）每日学习安排

7:00～9:00：数学复习，专注于解题技巧和难点问题。

9:10～11:00：英语复习，轮流练习听力、阅读理解、完形填空和翻译。

11:00～12:00：午餐和休息。

12:00～14:00：语文复习，阅读理解和古文翻译。

14:10～16:00：数学习题练习，加强计算和逻辑推理能力。

16:10～18:00：英语作文和单词记忆。

18:00～19:00：晚餐和休息。

19:00～20:30：语文作文训练，强化文章结构和论证方法。

20:40～22:00：综合习题练习，交叉复习三科知识点。

（3）每周安排

周一至周五：按照日常计划进行。

周六：

上午：模拟试题练习（轮换科目）。

下午：检查试题，分析错误，复习不熟悉的知识点。

周日：全天自由复习或休息，可以选择轻松阅读或进行一些轻度的体育活动帮助放松。

（4）注意事项

复习重点：每科都应该有重点章节和知识点的深入复习，特别是强化语文作文的技巧。

休息和饮食：保持良好的饮食习惯，适当休息，避免疲劳过度。

定期检查：每周至少进行一次自我检查，以跟踪学习进度和理解程度。

AI 大模型制订学习计划是一种全新的学习方式，它能够帮助学生解决制订学习计划的难题，让学生更加高效、有针对性地进行学习。

6.3 预习新知识，抢占先机

预习新知识在学习过程中起着不可或缺的作用，它为正式的课堂学习铺垫了坚实的基础。通过对即将学习的内容进行提前探索，学生能够更快地适应课堂节奏，课上不仅可以加深对已知知识的印象，还能够对那些未理解的部分有更加深入的探讨和理解，极大地提升了课堂效率。预习也是锻炼自学能力的一个重要环节。在独立面对新知识时，学生通过阅读、思考解决问题，不仅提升了个人的阅读和分析能力，也增强了解决问题的能力。这种独立学习的经历，增强了学生对新知识的好奇心和学习兴趣，让整个学习过程更加积极主动。预习不仅优化了时间管理，还通过有效的知识管理，提高了学习的整体质量和效率。因此，养成良好的预习习惯，对于每位学生来说都是非常有益的。

在学生的日常学习过程中，可以使用 AI 如文心一言的手机端 App"文小言"中的智能体功能来实现预习的功能。

首先来看一下如何创建智能体。

在"文小言"主页面，点击下端的"发现"按钮，进入"文小言"的发现板块，会出现较多的"智能体"如图 6-7 所示。

图 6-7 文小言"发现"板块

可以在上方选择"精选""推荐""畅聊""写作""英语""求职"等选项,我们以"英语"板块中的"英语单词学习"为例。

按照顺序选择"英语"中的"英语单词学习",我们可以看到其中的介绍为:请输入你想查询的单词,如图 6-8 所示。

图 6-8 文小言"英语单词学习"智能体

学生可以在下方输入相关单词,看看文小言会提供什么方法帮助学生来学习?输入一段文字如下。

问：

Apple

答：

当然，很高兴帮助你理解"apple"这个词！

单词：apple
意思：苹果（一种水果）
词性：名词（n.）
英语解释：A round fruit with firm, juicy flesh and typically red, yellow, or green skin, grown on a tree of the rose family.

同词根单词：

applesauce：苹果酱
applejack：一种苹果酒
applewood：苹果木

短语与固定搭配：

an apple a day：一天一个苹果（常用于表达保持健康的概念）
the apple of someone's eye：某人的掌上明珠，心爱的人或物
as American as apple pie：非常美国式的，典型的美国风格
bad apple：坏苹果（比喻坏人或不良分子）

例句及翻译：

I have an apple for breakfast every morning.
我每天早上早餐吃一个苹果。
An apple a day keeps the doctor away.
一天一个苹果，医生远离我。
She is the apple of her father's eye.

> 她是她父亲的掌上明珠。
> That new guy at work seems like a bad apple.
> 工作新来的那个人看起来是个坏人。
> The pie was made with fresh apples from our garden.
> 这个馅饼是用我们花园里新鲜的苹果做的。
>
> 注意："apple"的拼写是正确的，没有问题。希望这些信息能帮助你更好地理解和运用"apple"这个词！

可以看到"文小言"的智能体详细介绍了"apple"的具体含义，给出例句等，可以说是非常详细的。

使用"文小言"智能体的时候，因为其内部有固定模式，所以只需要把文本提供给"文小言"即可，并不需要去想具体的问法，就比如上面的英语学习的智能体中，只需要把英语单词放到下面即可，不需要说"请解释下 apple 这个单词"等。

在智能体的模块里面有很多个应用，这些都是用户所共享的"智能体"，我们都可以直接使用。

当然同时也可以直接创建自己需要的"智能体"板块，下面介绍如何在使用中创建"智能体"，点击文小言主页面下面中间的"+"，会弹出如下 6-9 的界面。

图 6-9 文小言智能体创建

点击"创建智能体",弹出如图 6-10 的界面。再点击上方的"自由配置"即可创建"智能体"了。

图 6-10 智能体创建界面

假设创建一个"语文预习"的智能体,设置头像、名称和声音,选择信息公开的状态,之后来到智能体创建的关键部分,如图 6-11 所示。

图 6-11 智能体创建的页面(1)

在智能体设定部分,需要按照示例来输入"人设身份""能力和任务"以及"输出约束"等内容,方便 AI 宏观角度把握我们的要求。

下面展示一下,具体智能体创建中的"智能体设定"方面提示词。

智能体设定:

人设身份:
假设你是一位中学语文教师。

能力和任务:
你熟悉语文教学的各项教学任务,可以提供语文教学中关于生字、生词的教学内容。

输出约束:
角色:四重结构的信息老师任务:分析和拓展给定的词或句子,按照以下四个步骤进行:
核心意义提炼:
提炼并解释输入词或句子的核心意义。
意义联想:
围绕核心意义进行联想,生成相关内容。
对输入的词或句子提炼多重意义并解释,然后对每个意义进行联想,再对这些联想进行进一步的联想。
信息来源:
如果前文中有真实数据,提供数据的来源。如果没有,跳过这一步。
真实性验证:
确认所有提供的信息和联想的真实性,至少确认十次。

输出格式:
以人类的口语,简单易懂的语言表达以上内容。

最后在如图 6-12 的界面中，可以上传阅读课文的相关参考资料。

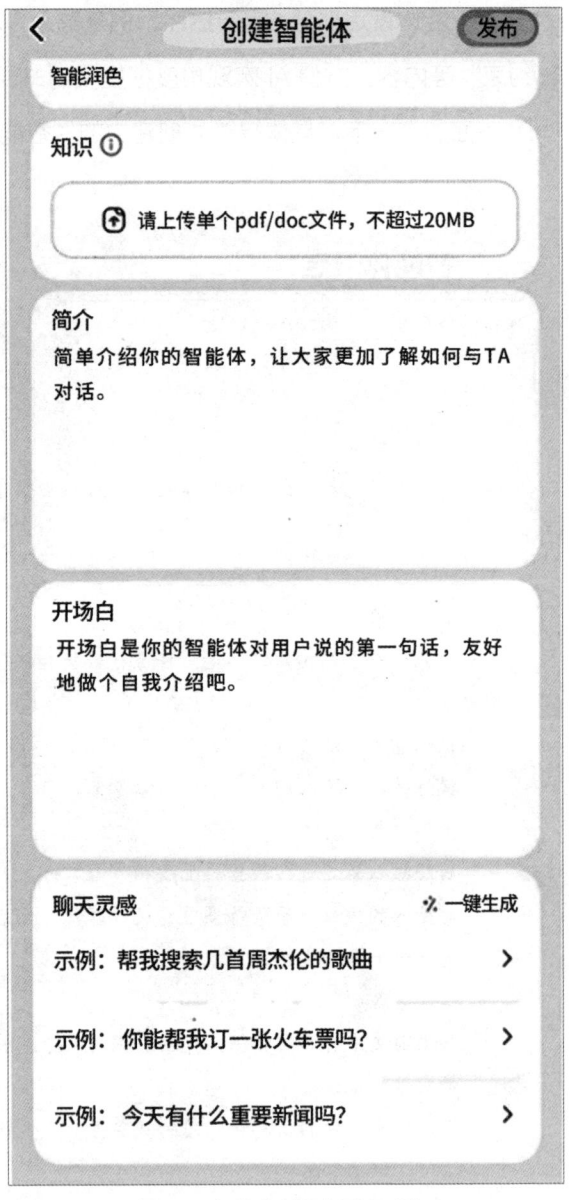

图 6-12 智能体创建的页面（2）

在这个页面，输入简介、开场白等内容，最后点击创建，智能体就创建完成了。学生可以通过这个"智能体"输入相关信息，进行语文课文的学习。仍以前文中的《岳阳楼记》为例,学生在预习时,可以直接向智能体提问:岳阳楼记,我们可以看下"语文预习"智能体的回答。

> 嗨,同学,你对《岳阳楼记》感兴趣啊,这可是一篇非常经典的古文呢!我们一起来探索一下它的奥秘吧。
>
> (1)了解作者和背景
> 首先,我们要知道这篇文章的作者是谁。写《岳阳楼记》的是北宋时期的大文学家范仲淹。范仲淹不仅文章写得好,还是一位很了不起的政治家呢。他生活的时代,国家内忧外患,但他总是心怀天下,想要为国家和人民做更多的事情。
>
> (2)走进《岳阳楼记》的世界
> 岳阳楼在哪里?
> 岳阳楼就在现在的湖南省岳阳市,是一座非常有名的古建筑。范仲淹写这篇文章的时候,他的朋友滕子京正在那里做太守,滕子京重修了岳阳楼,并请范仲淹写一篇文章来纪念这件事。
>
> 文章写了什么?
> 范仲淹在《岳阳楼记》里,先描写了岳阳楼周围的美景,特别是洞庭湖的壮丽景象。他用非常生动的语言,让我们好像亲眼看到了那些美丽的风景。
>
> 除了风景,还有什么?
> 除了写景,范仲淹还借景抒情,表达了他对人生的看法和对国家的担忧。他提到了两种不同的人,一种是看到阴雨连绵就感到悲伤的人,另一种是看到阳光明媚就感到快乐的人。但范仲淹认为,真正的君子应该是"不以物喜,不以己悲",也就是不会因为外界的变化而影响自己的心情,始终关心国家和人民的福祉。
>
> (3)深入思考
> 你觉得范仲淹为什么能写出这样的文章?
> 范仲淹之所以能写出这样的文章,是因为他有着博大的胸怀和深厚的爱国情怀。他时刻关心国家和人民的命运,这种情感自然而然地流淌在他的笔端。

> "不以物喜，不以己悲"对我们有什么启示？
>
> 这句话告诉我们，要学会控制自己的情绪，不被外界的纷扰所影响。无论遇到好事还是坏事，都要保持一颗平常心，坚持自己的信念和理想。
>
> 如果范仲淹在现代，他会怎么做？
>
> 哈哈，这个问题很有趣呢！如果范仲淹在现代，我相信他仍然会是一位非常关心国家和人民的好官员。他可能会利用现代科技来更好地为人民服务，比如通过网络了解民情民意，用更加高效的方式来解决问题。
>
> 同学，你对《岳阳楼记》的理解已经很棒了！继续保持这种好奇心和探索精神，你会发现更多有趣的知识和故事哦！如果你还有其他问题或者想法，随时都可以告诉老师哦！

学生通过使用 AI 智能体，对《岳阳楼记》的相关内容有了一些了解，在教师讲解的过程中，首先会产生一定兴趣，然后对老师所讲的内容也会理解得更加深入。

利用 AI 智能体进行预习，学生可以更加精准地定位学习内容和难点，从而在正式学习之前就掌握关键信息。AI 技术通过个性化推荐和智能解析，帮助学生抢占学习的先机，使得预习过程不仅高效，也更加有针对性。这种科技辅助的学习方式显著提升了学习效率，让学生在知识探索的道路上更加自信和从容。

6.4 AI 辅助在线服务

6.4.1 AI 辅助在线教育平台

人工智能时代，众多在线学习教育平台也都开始将 AI 工具引入其系统中，来提升学生的学习体验和学习效果。这些平台加入 AI 工具可以为学生提供更加个性化的学习路径，同时通过 AI 辅助工具使学习资源的获取、内容推荐、知识点解析环节更加趋于智能化。

Coursera、edX、可汗学院等平台通过 AI 技术分析学生的学习行为和偏好，定制个性化的课程推荐系统。这不仅能帮助学生根据自身的学习需求选择最适合的课程，还可以通过学习进度的跟踪和分析，调整学习内容的难易度，为每个学习者量身定制学习路径。AI 还会分析用户在不同课程模块中的表现，及时提供学习反馈，帮助学生查漏补缺。

下面展示一下可汗学院是如何使用 AI 辅助我们学习的。打开可汗学院的官方网址，如图 6-13 所示。

图 6-13 可汗学院主页

可汗学院为教育工作者和学生带来改变。Khanmigo 由 GPT-4o 提供支持，为教师的教学体验带来惊喜！也就是说，Khanmigo 也接入了 AI 工具，不止教师，学生也可以使用 AI 辅助下的在线教育平台。

打开其中一个具体课程，以初中的生物学科为例，如图 6-14，我们打开"细胞和生命体"的内容。

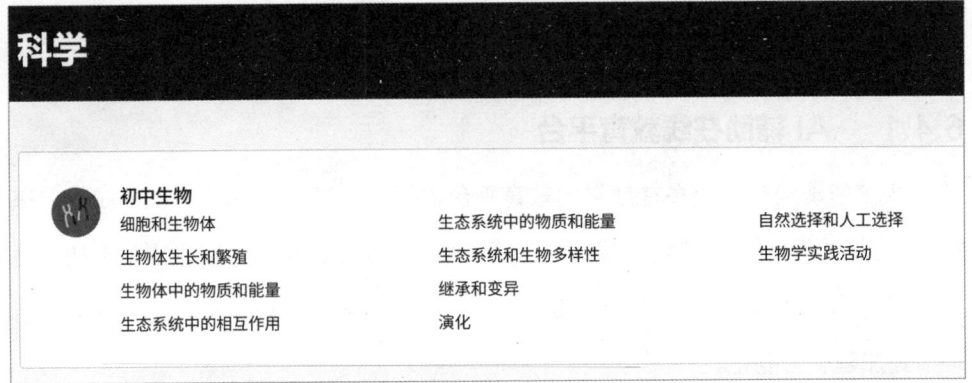

图 6-14 科学中初中生物课程

来到"细胞和生物体"的页面，如图 6-15。

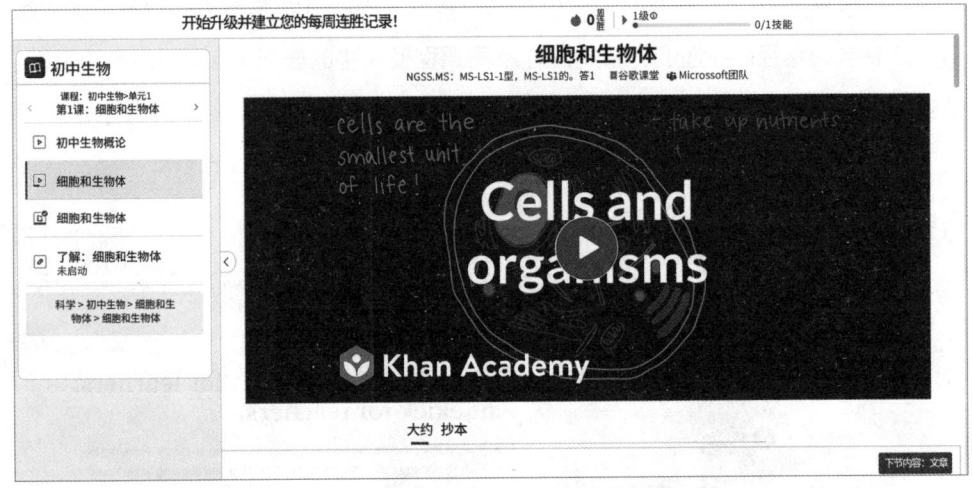

图 6-15 可汗学院细胞和生物体学习界面（1）

学生可以点击左侧工具栏中的具体内容，进行视频学习，其中详细介绍了有关细胞和生物体的具体内容。点击下方的按钮，如图 6-16 所示，用文字详细介绍了细胞和生物体的内容。

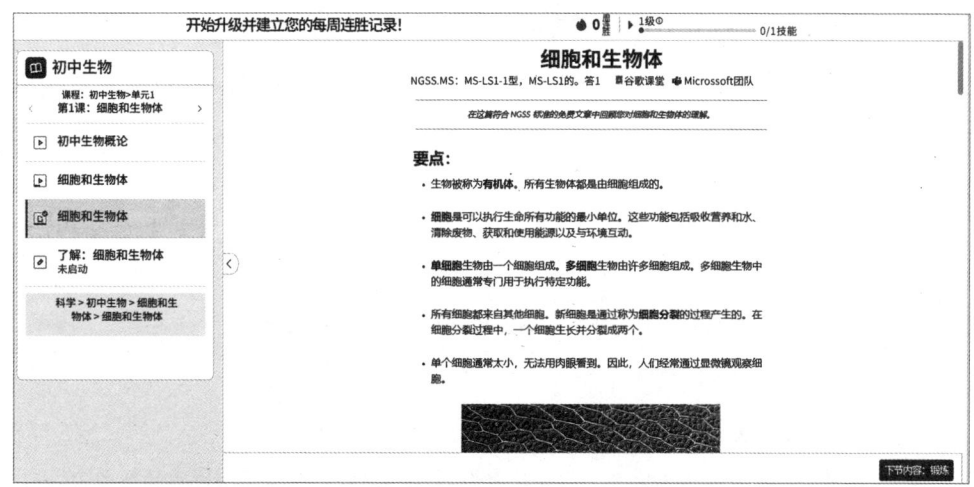

图 6-16 可汗学院细胞和生物体学习界面（2）

如图 6-16 中的内容，关于细胞和生物体的要点介绍就是通过 AI 工具来实现的，这类智能化教学工具能够帮助学生在复杂的生物学概念学习中获得更直观的理解和强化记忆。借助 AI，学生不仅能够以交互的方式学习，还可以通过多模态的知识展示和内容定制，使学习变得更加个性化和高效。

6.4.2 AI 辅助在线搜索资料

在现代学习过程中，学生经常会面临大量复杂问题，需要查阅各种资料才能找到准确答案。然而传统的搜索方式往往需要学生花费大量时间去筛选和比对信息。此时，借助 AI 工具，在线搜索资料的过程可以大幅简化，并且精确度显著提高。

AI 无须像传统搜索引擎那样依赖关键词匹配，它能够通过自然语言处理技术理解学生的搜索意图。学生可以用自然语言描述问题，AI 能够根据问题自动筛选出相关的资源，包括学术论文、权威书籍、视频课程、论坛讨论等。AI 还能识别学生的知识水平，提供适合的资料，确保学生在理解资料的过程中不会感到困惑。

在实际应用中，AI 可以根据学生的需求迅速提取关键信息。我们以"万有引力定律"为例，如果学生在学习过程中，对这个定律感到非常困惑，可以直接通过 AI 搜索相关资料。

> **问：**
> 我对于"万有引力定律"非常困惑，请你帮我搜集相关的资料。
>
> **答：**
> 关于万有引力定律，这里有一些重要的信息帮助你理解：
> 万有引力定律，由艾萨克·牛顿在 1687 年首次提出，描述了宇宙中任何两个物体都会通过一种被称为重力的方式相互吸引。这种吸引力的大小与两个物体的质量乘积成正比，与它们之间距离的平方成反比（维基百科，自由的百科全书）。
> 定律的数学表达式是 $F = G\dfrac{m_1 m_2}{r^2}$，其中 ($F$) 是引力大小，($G$) 是万有引力常数，$m_1 m_2$ 是两个物体的质量，(r) 是它们之间的距离（维基教科书，自由的教学读本）。
> 在应用中，万有引力定律不仅解释了地球上物体落下的现象，还阐述了天体运动的规律，例如行星绕太阳的运动，这与开普勒的运动定律紧密相关（维基教科书，自由的教学读本）。
> 如果你对这一定律还有更多的疑问或需要进一步的学习资源，可以访问以下链接：
> 维基百科上的万有引力定律；
> 维基教科书中的万有引力定律详细介绍。
> 这些资源将提供更详细的解释和应用示例。

AI 辅助在线搜索资料为学生提供了更智能、更高效的学习支持，避免了烦琐的资料筛选过程，帮助他们快速找到解决问题所需的权威资源，并深入理解学习内容。

7

AI 让学习更轻松

人工智能正悄然改变着我们的学习方式。学生不再为课堂笔记而分心，AI 自动捕捉每一个知识要点；课堂互动不再拘泥于传统形式，AI 让参与变得更加生动有趣；当有疑问时，AI 老师随时为你解惑，并根据你的需求定制专属的学习计划；记忆知识的方式也不再是枯燥的背诵，AI 帮助你轻松掌握关键内容。这些看似不可思议的场景，正在逐步成为现实。本章将带你领略 AI 如何为学习赋能，让求知之旅变得轻松和高效。

7.1 整理课堂笔记更省心

课堂授课时间较长，信息密度高，学生难以全面记录每一个知识点。因此，课堂笔记的整理至关重要。AI 技术通过实时捕捉和分析教师讲授的内容，能够快速、准确地生成全面的课堂笔记。相比传统手动记笔记，AI 整理更具效率和精确性，避免了学生漏记或错误记录。它可以自动分类整理信息，将重点内容、难点解析、相关例题等清晰地呈现出来，为学生复习和巩固知识提供了极大的便利。

7.1.1 实时录音功能

要实现 AI 整理课堂笔记，首先要有实时录音的功能。我们以"文小言"的 App 端为例，实现实时录音功能有如下两种方法。

在主页面上点击对话框右侧的图标，如图 7-1 所示。

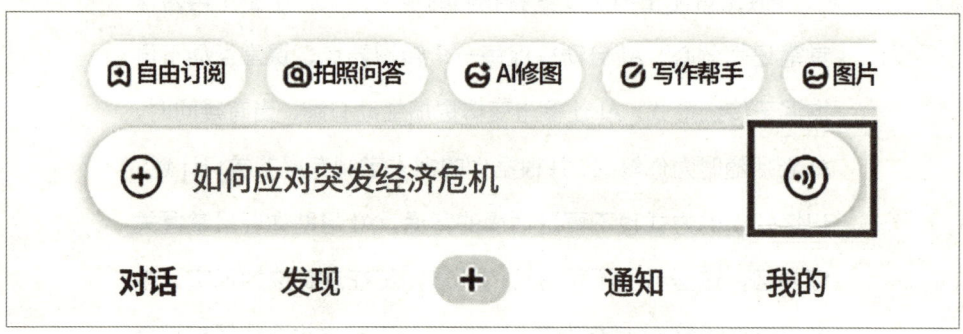

图 7-1 文小言 App 录音功能

点击"语音输入"图标后，如图 7-2 所示。可以看到下方的输入文字框变为"按住说话"按钮。

图 7-2 文小言语音输入按钮

按住这个按钮即可实现它的录音功能。

也可以使用另外一种方法,就是前文所提到的"智能体"板块,在"智能体"板块中有关于"录音"的智能体。如图 7-3 所示。

图 7-3 智能体板块

点击右上角的"搜索"按钮,在输入框中输入"录音"即可搜索到和"录音"相关的一些智能体。如图 7-4 所示,我们选择适合我们的智能体板块即可。

图 7-4 搜索到的"录音"智能体板块

我们以"录音转文字助手"为例。点击这个智能体板块,可以看到如图 7-5 的内容。

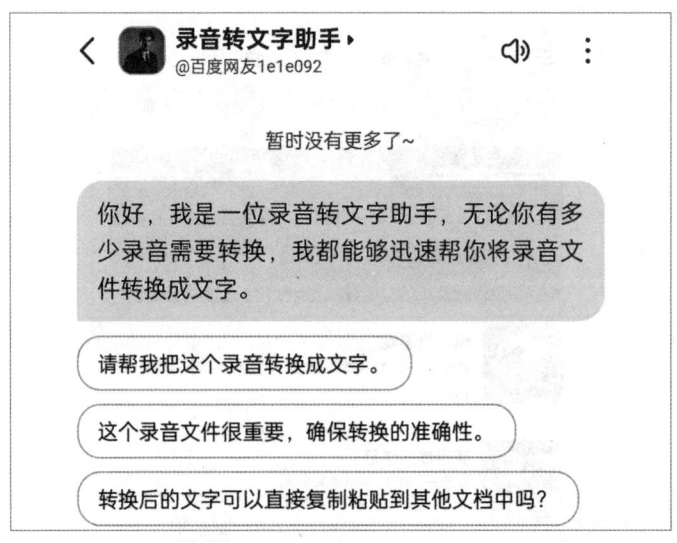

图 7-5 录音转文字助手智能体板块

7.1.2 录音转文字

我们可以在"智能体"中以对话的方式实现录音转文字功能。

仍以"录音转文字助手"智能体为例，点击界面左侧的"电话"按钮，如图 7-6 所示。

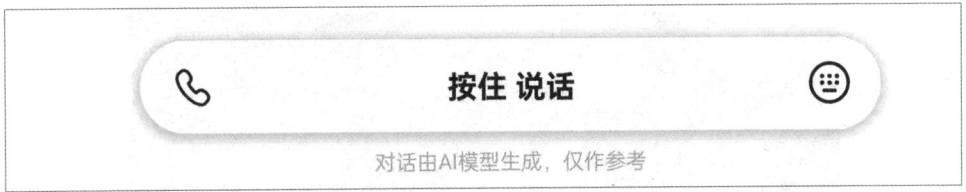

图 7-6 录音转文字助手智能体板块通话界面

随即会来到如图 7-7 所示的模拟通话界面。

图 7-7 录音转文字助手模拟通话界面

等待"电话"接通后，就可以实现实时的录音转文字功能了，如图 7-8 所示，我们可以随时说话。

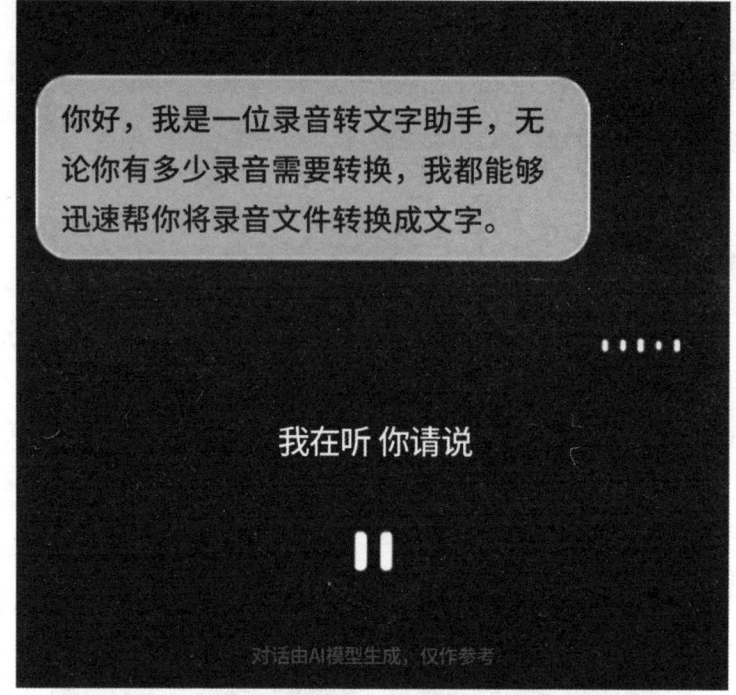

图 7-8 录音转文字随录随转功能

其他的"智能体",也是具备此项功能的。当然我们也可以按照"智能体"的创建流程自己创建适合自己的流程,在此不再赘述。

7.1.3 总结重点

老师的教学内容,需要覆盖到方方面面,那么在学生使用录音转文字功能之后,如何使用 AI 总结内容中的重点呢?

我们以中学语文课本中的"愚公移山"为例,假设录音老师讲课内容如下。

> 同学们,今天我们一起来学习一篇古老而富有哲理的寓言故事——《愚公移山》。这篇课文出自《列子·汤问》,它蕴含着深刻的道理,值得我们细细品味。(由于书籍无法展示具体录音音频,所以在此,我们直接展示音频转文字后的内容,

请知悉。)

(1) 故事大意

首先，我先为大家讲述一下故事的大致内容：

愚公，一位年近九十的老人，家住在太行山和王屋山的北面。这两座大山挡在他家门前，出行非常不便。于是，愚公决定带领子孙们一起挖山，希望能把山移走。他们计划把挖出的土石运到渤海边去。

在他们挖山的过程中，智叟——一位自认为聪明的老人，来看望愚公。他嘲笑愚公说："你这么大年纪了，怎么可能挖得动这两座大山呢？"愚公坚定地回答："即使我死了，还有我的子孙，子子孙孙无穷尽也；而山不会增高，我们总有一天会把它挖平！"

愚公的决心感动了天帝，天帝派了两位大力神，把太行山和王屋山背走了。从此，愚公一家再也不用为出行受阻而烦恼了。

(2) 需要理解的字词

在这篇课文中，有一些关键的字词需要我们理解：

愚公：名字中的"愚"并非真正的愚蠢，而是象征着坚定执着的品质。

智叟(sǒu)：叟，老人的意思。这里的"智"指自以为聪明，但实际上目光短浅。

子子孙孙：一代又一代的后代。

无穷匮也：匮，穷尽的意思。表示永不停止、没有尽头。

穷：尽头、终点。

曾不能损魁父之丘：曾，经常；损，减少；魁父之丘，小山丘的名字。意思是连小山丘都不能削减。

(3) 我们需要懂得的道理

通过这个故事，我们可以从以下几个方面来理解和学习：

坚持不懈的精神：愚公不畏艰难，面对巨大的两座大山，依然坚定地选择去移山。他的行动告诉我们，只要有恒心和毅力，任何困难都能克服。

远大的眼光和信念：愚公考虑的不仅是自己这一生，而是子孙后代的幸福。他相信只要一代代传承下去，终有一天能实现目标。这体现了长远的目光和对未来的信心。

团结合作的重要性：愚公一家齐心协力，共同为移山的目标努力。这说明了团结的力量，在团队合作中，我们可以完成个人无法完成的任务。

面对嘲讽的坚定：面对智叟的嘲笑，愚公没有被动摇，而是坚定自己的信念。这教导我们，在追求目标的过程中，可能会遇到质疑和嘲讽，但只要相信自己，坚持下去，就能取得成功。

> 不要被表象所迷惑：智叟自以为聪明，但他的眼光局限，只看到眼前的困难，而忽视了坚持的力量。这提醒我们，不要被表面的聪明所迷惑，要有深远的思考和判断。
>
> （4）总结
>
> 同学们，《愚公移山》这篇课文通过一个简单的故事，向我们展示了坚持不懈、团结合作的重要性，以及面对困难时应有的态度。希望大家能从中得到启发：
>
> 在学习和生活中，遇到困难不要轻易放弃，要有愚公一样的恒心和毅力。
>
> 要有长远的目标和规划，不被眼前的困难所吓倒。
>
> 重视团队合作，团结身边的力量，共同克服挑战。
>
> 最后，我希望大家在今后的学习中，都能以愚公的精神激励自己，勇往直前，取得更大的进步。

可以使用 AI 扮演老师的角色，让它为我们总结其中的重点内容。

> **问：**
>
> 请你扮演我的中学语文老师，在《愚公移山》这篇课文的学习过程中，你的教案如下，请告知我，其中重点需要掌握的内容有哪些？
>
> 教案内容：略。
>
> **答：**
>
> 同学们，在学习《愚公移山》这篇课文的过程中，有以下重点内容需要大家掌握：
>
> （1）故事大意和情节
>
> 理解故事背景：了解愚公生活的环境，两座大山对他生活的影响。
>
> 掌握主要情节：愚公决心移山、智叟的嘲笑、愚公的坚定回答、天帝被感动派神助力移山。
>
> （2）人物形象分析
>
> 愚公：
>
> 性格特点：坚定执着、勇于挑战、不畏艰难。
>
> 精神品质：坚持不懈的毅力和远大的眼光。
>
> 代表意义：象征着人类克服困难的勇气和信心。

智叟：

性格特点：自以为是、目光短浅、消极悲观。

与愚公的对比：代表了只看眼前困难而缺乏长远规划的态度。

(3) 重要字词理解

"愚公"：理解"愚"在这里并非真正的愚蠢，而是表现出一种执着的品质。

"智叟"：认识"叟"指老人的意思，"智"在此处是反讽。

"子子孙孙无穷匮也"：理解子孙后代无穷尽的含义，强调人力的持续性。

"曾不能损魁父之丘"：掌握"曾"是"连"的意思，整句强调了智叟的短视。

(4) 故事的寓意和主题

坚持不懈的精神：理解只要有毅力，困难终能克服的道理。

长远的眼光和信念：认识到为后代谋福利的长远规划。

团队合作的重要性：体会家族团结一致的力量。

面对质疑的坚定：学习愚公不受他人嘲笑影响，坚定信念。

(5) 文化背景和价值观

家族责任感：理解中国传统文化中对家庭和后代的重视。

代代相传的精神：认识到事业和精神的传承意义。

(6) 修辞手法和表达技巧

比喻和夸张：分析这些手法如何增强文章感染力。

语言特色：感受古文的凝练和表达方式。

(7) 现实启示和思考

联系实际：思考如何将愚公的精神应用到学习和生活中。

自我反思：在面对困难时，是否具备足够的毅力和恒心。

通过 AI 的总结，可以快速获取课程的重点内容，节省了时间，也避免了信息的过载。AI 所总结的内容条理清晰、逻辑性强，可以让学生在巩固自己所学知识的同时，还能利用节省下来的时间去深入思考和拓展学习，对学生的学业进步有显著帮助。

7.2 老师实时提问即时答

在现代的课堂教学中,教师经常会在讲课过程中设置实时提问的环节,来增强学生的参与度和理解深度。通过 AI,学生可以即时生成答案,记录老师随堂的提问,帮助他们更好地理解课程,方便课后学生查阅课堂提问来加深对课程的理解。

以上文"愚公移山"为例,我们假设老师在讲课过程中提出如下的问题。

> (1)愚公决心移山的原因是什么?他这样做的动机和目的是什么?
> (2)面对智叟的嘲笑,愚公是如何回应的?这体现了他哪些优秀的品质?
> (3)你如何理解故事中"愚公"和"智叟"这两个角色的象征意义?他们分别代表了什么样的思想或观念?
> (4)故事的结局中,天帝被愚公的行为感动,派神仙帮助移山。你认为这个超自然的结局传达了什么道理?
> (5)结合你的生活实际,谈一谈你从"愚公移山"的故事中获得了哪些启示?你认为这种精神在当今社会有何现实意义?

然后直接询问 AI,让其给出有效的回答。

> **问:**
> 我的老师针对《愚公移山》这篇文章,提出了下面几个问题,请你为我提供解答方向,并给出有效回答。
>
> **答:**
> 好的,我来为你提供每个问题的解答方向,并给出有效的回答,帮助你更好地理解《愚公移山》这篇课文。
> 问题 1:愚公决心移山的原因是什么?他这样做的动机和目的是什么?
> 解答方向:
> 思考愚公的生活环境和面临的问题。
> 分析两座大山对愚公和家人的影响。

探讨愚公的内心动机和最终目的。

有效回答：

愚公决心移山的原因是太行山和王屋山挡在他家门前，严重影响了他和家人的出行，使得他们每次出门都要绕远路，非常不便。他这样做的动机是为了消除出行的障碍，改善家族的生活条件。他的目的不仅是为自己，更是为子孙后代创造一个便利的生活环境，希望通过移山使家人和后代不再受大山阻碍之苦。

……

问题2：面对智叟的嘲笑，愚公是如何回应的？这体现了他哪些优秀的品质？

解答方向：

回忆愚公与智叟的对话内容。

分析愚公的回应方式和态度。

归纳愚公体现出的品质和精神。

有效回答：

面对智叟的嘲笑，愚公并未生气或退缩，而是坚定地回答："我虽年老，但我有子孙，他们会继续我的事业。山不会增高，而人却会一代代繁衍下去，我们最终一定能把山移走。"这体现了愚公的坚定信念和长远眼光，他不畏艰难，坚持不懈，并且对未来充满信心。这些优秀的品质表现出他乐观积极的生活态度和为后代着想的责任感。

……

问题3：你如何理解故事中"愚公"和"智叟"这两个角色的象征意义？他们分别代表了什么样的思想或观念？

解答方向：

分析"愚公"和"智叟"的名字含义。

比较两者的行为和思维方式。

探讨他们各自象征的思想和价值观。

有效回答：

"愚公"表面上看似"愚笨"，但他象征着坚持不懈、勇于挑战困难的精神。他的"愚"实际上是对目标的执着和专注，代表了一种不被眼前困难吓倒的进取精神。相反，"智叟"虽然名字中带有"智"，但他自以为聪明，实则目光短浅，只看到眼前的困难，缺乏长远眼光和信心。他代表了消极、保守、缺乏进取心的思想。

这两个角色分别象征了积极进取与消极保守的两种态度，体现了在面对困难时，不同的人生态度和价值观。

……

问题4：故事的结局中，天帝被愚公的行为感动，派神仙帮助移山。你认为这个超自然的结局传达了什么道理？

解答方向：

思考天帝派神仙助力的寓意。

分析超自然结局对主题的强化作用。

探讨"天道酬勤"或"人定胜天"等哲理。

有效回答：

故事中天帝被愚公的坚持所感动，派神仙帮助他移山的超自然结局，传达了"只要坚持不懈，连上天也会被感动"的道理。这寓意着坚定的信念和持之以恒的努力最终会得到回报，即使是看似不可能完成的任务，也有实现的可能。这个结局强化了故事的主题，强调了坚持不懈的重要性，并且鼓励人们在面对巨大困难时，不要轻言放弃，要相信付出终有回报。

……

问题5：结合你的生活实际，谈一谈你从"愚公移山"的故事中获得了哪些启示？你认为这种精神在当今社会有何现实意义？

解答方向：

结合个人经历，思考愚公精神的启示。

分析愚公精神在现代社会中的应用。

提出具体的实例或行动计划。

有效回答：

从"愚公移山"的故事中，我深刻体会到坚持不懈和持之以恒的重要性。在学习中，遇到难懂的知识点时，我会想起愚公的精神，不因一时的困难而放弃，而是不断努力，直到理解为止。

在当今社会，这种精神尤为重要。无论是科技创新、环境保护，还是个人的职业发展，都需要长期的坚持和努力。愚公的精神鼓励我们面对挑战不退缩，面对困难不放弃，通过持续的努力，实现自己的目标和理想。这种精神有助于推动社会进步，激励个人成长。

针对上面的回答，学生可以合理利用，将学习重点放到每个题目的解答方向上，可以使用AI来锻炼学生的思维能力和自主学习能力。

7.3 知识点单词秒记忆

在学生学习的过程中,经常会遇到很多需要背诵和记忆的单词和知识点,学生们经常绞尽脑汁也背不下记不住。最流行最快速的记忆方法就是场景记忆法,但是针对某几个单词,某个句子,构建一个非常简单的场景都是十分困难的,那么在人工智能时代,AI 又能提供什么样的助力呢?

7.3.1 秒记知识点

以刚入门的学生为例,学生在进入小学一年级的时候,面对语文和数学的课程,经常会有这样那样的烦恼,尤其是对于那些没有接触过小学知识的孩子来说,可能连加减法,都不是太清楚。这时候就可以使用 AI 工具,让 AI 从孩子感兴趣的角色上编写一个故事。

问:

请你帮我用:什么是加法和减法,编写成一个六岁孩子感兴趣的小故事。

答:

在一个色彩斑斓的小镇上,住着两个小朋友,一名叫加加,另一名叫减减。他们都拥有一种特殊的能力:加加擅长把东西聚集在一起,而减减则擅长把东西分开。

一天,他们的好朋友小熊过生日。加加决定用他的能力来帮助准备生日派对。他看到桌上有两块小蛋糕,他用他的加法能力,又找到了三块小蛋糕放到桌子上,这样桌上就有了五块蛋糕。小熊和其他小动物们看到这么多蛋糕都非常高兴。

派对快结束时,小熊想留一些蛋糕给他的妈妈。这时,减减出现了。他用他的减法能力,从桌上的五块蛋糕中拿走了两块,给了小熊的妈妈。这样桌上就只剩下了三块蛋糕。

加加和减减的特殊能力让小熊的生日派对变得更加有趣和美好。所有的小动物都学到了加法和减法不仅仅是数字游戏,它们还可以用来帮助朋友和分享快乐。

> 从此以后，小熊和他的朋友们都非常喜欢数学，因为他们知道数学可以用在生活的很多方面，帮助他们解决问题和分享快乐。

孩子看到这个故事，可以非常轻松地了解到什么是加法，什么是减法，也从根本上实现了寓教于乐。但是设想一下，这个故事虽然看上去简单，但是如果没有AI，让家长和学生去编写一个这样的故事，无疑是非常困难的。AI可以帮助学生，将一些看似枯燥复杂的事情，编成一个非常简单有趣的故事。这种方式可以提高学生的学习效果。

简单的一些知识点是这样的，那么对于一些很抽象、很难的知识点，AI也是可以将它们编写成故事的。

我们以学生学习的道德法治知识中，关于"正当防卫"方面的法律知识为例，来使用AI做演示。

> **问：**
> 请把什么是正当防卫，编写成一个中学生可以理解的故事。
>
> **答：**
> 在一个宁静的小镇上，有个中学生名叫李明。他是一个非常善良和努力的孩子。有一天放学后，他和几个朋友在公园里玩耍。
> 突然，一个身材高大的陌生人走向他们，看起来非常愤怒，开始无缘无故地对他们大喊大叫。李明和朋友们感到很害怕，但他们决定留在原地不动，希望这个人只是路过。不幸的是，那个人开始向他们逼近，并且抬起手来看起来像是要打人。
> 李明立刻站出来，尽量用平静的声音对那个人说："先生，请您冷静一下，我们不想引起任何麻烦。"但那个人并没有停下来，反而更加激动。当他准备打李明的时候，李明本能地举起手臂保护自己，并在必要的时刻推了那个人一把，使得对方失去平衡，倒在地上。
> 这时，公园的保安和其他人注意到了这一幕，快速跑过来帮助控制情况。保安询问发生了什么事，李明和朋友们解释了整个过程。
> 这件事之后，李明被带到学校，与老师和法律顾问进行了对话。法律顾问解释

说，李明的行为属于"正当防卫"。他解释，正当防卫是指在紧急情况下，为了保护自身或他人免受正在进行的非法侵害（比如身体伤害），采取适当的、必要的防卫措施。在这种情况下，防卫行为必须是适度的，并且立即发生在被侵害的瞬间。

李明学到了在面临威胁时保护自己的重要性，也理解了何时以及如何以合法的方式行使自卫权。他和他的朋友们通过这次经历，更加明白了在遇到危险时应保持冷静，并在必要时寻求成年人的帮助。

通过这样一个小故事，至少可以在一定程度上理解了"正当防卫"的基本含义，也明白了在必要的时候采取一些必要的防卫措施是正确的做法。

对于较为复杂的几个知识点，AI 是否也可以将其联想在一起呢？我们总结出一些高中的数学知识考点。

（1）函数与图像

理解不同类型的函数（如线性函数、二次函数、指数函数、对数函数等）及其性质。

能够根据函数表达式绘制函数图像，分析图像的性质如单调性、极值点和对称性。

（2）三角函数与恒等式

掌握正弦、余弦、正切等基本三角函数的定义及其在直角三角形和单位圆中的应用。

解三角恒等式和简化三角表达式，使用诸如和差公式、倍角公式等。

（3）导数与微分

理解导数的概念，包括物理意义（如速度、变化率）和几何意义（如切线斜率）。

能够求解函数的导数，掌握链式法则、乘积法则、商法则等。

（4）积分与面积

理解不定积分和定积分的概念，以及它们在计算面积、体积和其他物理量中的应用。

掌握基本的积分技巧，如换元积分法和部分积分法。

（5）概率与统计

掌握概率的基本原理和常用的概率分布（如二项分布、正态分布）。

理解统计概念，包括数据集的描述（均值、方差）、数据分布和推断统计。

上面的五个考点，可以说相互之间并没有联系，我们看看 AI 是否可以将其整合在一起方便记忆呢？

问：
请将上面的五个常考点，整合到一个有趣的故事里面，方便我们记忆。

答：
在一个被数学规则控制的奇幻世界中，五位年轻的数学勇士踏上了寻找失落的"无限晶石"的冒险之旅。这块晶石据说能解开宇宙的最深奥秘。

（1）艾丽西亚——函数与图像的守护者

艾丽西亚拥有绘制并操控函数图像的能力。在她的指引下，队伍能够通过复杂的地形，如过山谷（二次函数的抛物线）和穿越河流（正弦函数模拟波浪）。

（2）泰伦——三角函数的探路者

泰伦能够解读星辰和日月的位置，使用三角函数来确定方向和计算距离。在迷雾森林中，他利用三角恒等式来解决通过密林的最短路径问题。

（3）米娜——微分大师

米娜通过她对事物变化率的深刻理解来预测并规避危险。在遇到一座正在崩塌的桥时，她计算了结构变化的速率（导数），指导队伍在安全的时间内快速通过。

（4）罗德里克——积分战士

当队伍需要计算通过一个庞大湖泊的最佳路线时，罗德里克利用积分技巧来估算沿岸的长度和湖中小岛的面积，确保能找到资源最丰富的路径。

（5）希瓦——统计与概率的策略家

在最终寻找无限晶石的洞穴时，希瓦分析了各种可能的路径和陷阱的统计数据，运用概率知识帮助队伍避开危险并找到最可能藏有晶石的位置。

经过一连串的智力和勇气的考验，五位勇士最终找到了传说中的无限晶石，解锁了宇宙的奥秘，同时也深刻体会了数学在解决实际问题中的强大力量。

通过这个例子，可以对上面五个数学概念有个宏观上的了解。这种编写故事的方法可以运用到很多学习的场景上。

7.3.2 秒记单词

对于单词的记忆，也是非常难的一件事情。要有效记忆单词，需要一些特别的方法和技巧，这样可以帮助学生更好地将单词长期保存在记忆中。

列举几个复杂的单词，去看 AI 有什么方法帮助我们来快速记忆。

> opportunity - 机会
> development - 发展
> environment - 环境
> education - 教育
> information - 信息
> experience - 经验
> responsibility - 责任
> solution - 解决方案
> communication - 沟通
> achievement - 成就

如果对这十个单词直接进行记忆，那是非常困难的，但是我们可以使用 AI，将其组合成为一个有趣的英语故事。

问：

请把我所提供的 10 个单词组成一个英语故事，要求其他的单词尽量只使用小学单词，不超过 150 个词。

答：

Tom was a student who loved education. He believed that a good environment at school helped him learn better. One day, his teacher gave the class an opportunity to work on a big project. Tom knew it would be a great experience.

> He took responsibility and led his team. They talked about the problem and found a solution together. Good communication was the key. Over time, they saw a lot of development in their project.
>
> At the end of the term, they achieved great success. Tom felt proud of their achievement and knew that the information they learned would help them in the future.

继续使用 AI，将其翻译为中文。

> **问：**
> 请把上面所给出的内容翻译为中文。
>
> **答：**
> 汤姆是一名热爱学习的学生。他相信一个好的环境能帮助他更好地学习。一天，老师给班级一个机会，让他们做一个大项目。汤姆知道这将是一个很好的经验。
>
> 他承担了责任并带领他的团队。他们讨论了问题并一起找到了一个解决方案。良好的沟通是关键。随着时间的推移，他们的项目取得了很多进展。
>
> 学期末，他们取得了巨大的成功。汤姆为他们的成就感到自豪，并知道他们学到的信息将来会对他们有帮助。

可以看到 AI 所生成的内容是非常简单的，它所使用的单词也是非常简单的，AI 可以使用这种方式，将很复杂的单词融合到一个较为简单的场景中，如果是我们自己进行场景化，是非常困难的。使用 AI，可以把单词融合到一个故事中，提高学生的记忆速度。

8

AI 让辅导伴你行

　　学生在学习的过程中，经常会面对各种学习难题和进度管理的挑战，AI 的介入可以为我们提供前所未有的辅助。AI 是如何通过精确的辅导帮助我们解决作业难题、监控学习的进度、制订有效的复习计划呢？这些智能工具不仅可以优化我们的学习路径，也可以增加我们对知识的掌握程度。使用 AI 可以更好地打辅助，帮助我们更有效地达成自己的学业目标。

8.1 作业难题精解

学生学习时，遇到困难的问题，总是算不出答案，询问家长，家长在经过自己的演算和练习后，也会有或这或那的问题。如今在 AI 时代，遇到这些问题的时候，可以通过 AI 来帮助我们解决作业的难题。需要注意的是，我们仍然提倡自己经过思考来进行作业难题的演算，AI 只是提供思考的过程，在写作业和学习的过程中，不要让 AI 左右学生的思维，AI 并不是让学生变懒，而是提供辅助。

以初中所学习的《三峡》课文为例，列举其中几个习题。

> （1）解释下列句子中括号内字词的含义
> 自三峡七百里中，两岸连山，略无阙处。（阙）
> 重岩叠嶂，隐天蔽日，自非亭午夜分，不见曦月。（曦）
> 至于夏水襄陵，沿溯阻绝。（襄）
> 或王命急宣，有时朝发白帝，暮到江陵，其间千二百里，虽乘奔御风，不以疾也。（奔）
> （2）思考题
> 《三峡》一文通过对三峡四季景色和水流变化的描写，体现了怎样的自然特点和作者的情感？请结合全文进行分析。

遇到理解字词的作业难题，我们可以直接让 AI 进行翻译，但是需要注意的是，因为中国的汉字博大精深，所以我们在询问 AI 的时候，要将这个字词所出现的场景描述清楚，这样才可以生成正确的答案。

> **问：**
> 假设你是一位中学语文老师，正在讲解郦道元的《三峡》这篇文言文，请你为学生解释下面括号中字词的含义。
> （1）自三峡七百里中，两岸连山，略无阙处。（阙）

(2) 重岩叠嶂，隐天蔽日，自非亭午夜分，不见曦月。（曦）

(3) 至于夏水襄陵，沿溯阻绝。（襄）

(4) 或王命急宣，有时朝发白帝，暮到江陵，其间千二百里，虽乘奔御风，不以疾也。（奔）

答：

(1) 阙（quē）：

解释：缺少、空缺的意思。

句子理解："两岸连山，略无阙处"中的"阙"指的是两岸的山峰相连，几乎没有空隙。意思是两岸的群山连续不断，中间几乎没有空缺的地方。

(2) 曦（xī）：

解释：太阳的意思。

句子理解："不见曦月"中的"曦"指太阳，整句话的意思是：除了正午和半夜，其他时间都看不到太阳和月亮。形容峡谷幽深，光线难以透入。

(3) 襄（xiāng）：

解释：上、升的意思。

句子理解："夏水襄陵"中的"襄"表示水位上涨，淹没了丘陵。意思是夏季洪水泛滥，江水上涨到丘陵之上。

(4) 奔（bèn）：

解释：指奔跑的骏马。

句子理解："虽乘奔御风，不以疾也"中的"奔"指疾驰的骏马。整句话的意思是：即使骑着飞奔的骏马，驾驭着风，也不如顺流而下的船行得快。

可以看到 AI 给出了这个词语的解释和对整句的理解。对于下面的思考题，我们继续看一下 AI 的答案。

问：

请继续解释下面的思考题。

《三峡》一文通过对三峡四季景色和水流变化的描写，体现了怎样的自然特点和作者的情感？请结合全文进行分析。

答：

(1) 自然特点

山势险峻，峡谷幽深：

描写：文中提到"两岸连山，略无阙处"，"重岩叠嶂，隐天蔽日"，描绘了两岸山峰连绵不断，山峦重叠，高耸入云，遮天蔽日的壮丽景象。

体现：三峡的山势极为险峻，峡谷深邃，给人以雄伟壮观的感觉。

水流湍急，变化多端：

夏季洪水汹涌："至于夏水襄陵，沿溯阻绝"，夏季江水上涨，淹没丘陵，行船逆流而上非常困难。

春冬清幽秀丽："素湍绿潭，回清倒影"，春冬季节，水流清澈，湍急的白色浪花与碧绿的深潭相映成趣。

体现：三峡的水流既有汹涌澎湃的一面，也有清幽秀丽的一面，表现出自然的多样性和动态美。

声音独特，环境静谧：

描写："猿鸣三声泪沾裳"，猿猴的叫声在峡谷中回荡，给人以幽深静谧的感受。

体现：三峡环境幽静，声音传递远，增添了神秘和感伤的氛围。

(2) 作者的情感

赞美与赞叹

分析：作者通过细致入微的描写，表达了对三峡壮丽景色的由衷赞美，赞叹自然的鬼斧神工。

例子："自非亭午夜分，不见曦月"，对峡谷深邃的惊叹。

喜爱与热爱

分析：作者对四季变化的景色充满了喜爱之情，尤其是对春冬季节清丽景色的描绘，展现了他对大自然的热爱。

例子："素湍绿潭，回清倒影"，描写出他对清幽美景的欣赏。

感伤与思考

分析：通过对猿鸣的描写，流露出一丝感伤和对人生的思考，或许是对时间流逝、人生短暂的感慨。

例子："猿鸣三声泪沾裳"，猿啼引发了作者内心的情感波动。

(3) 全文分析

结构层次分明： 文章按照空间和时间的顺序，从总体到细节，描绘了三峡的自然风光。

语言生动形象： 运用了比喻、夸张等修辞手法，使景物描写更加生动。

情景交融：作者不仅描写了自然景色，还融入了自己的情感，使读者感同身受。

（4）总结

《三峡》通过对自然景物的精细描写，展现了三峡地区山高谷深、水流湍急、四季景色各异的自然特点。作者以优美的语言，表达了对大自然的赞美、热爱和感慨之情。文章情景交融，意境深远，给人以深刻的印象。

上面的解答，其实就像是课堂上老师的讲解一样。在课堂上，我们有听不懂的问题的时候，可以及时向老师提问，对于 AI 也是如此，如果有不明白的地方，也可以即时向 AI 发问即可。

那么对于数学类的题目，AI 是否也可以解答呢？我们举一个例子。

一个数加上 8，乘以 8，减去 8，再除以 8，结果还是 8，那么这个数是多少？

直接将这个问题输入给 AI 如下。

问：

请你把这道题讲解一下。

一个数加上 8，乘以 8，减去 8，再除以 8，结果还是 8，那么这个数是多少？

答：

请你把这道题讲解一下。

一个数加上 8，乘以 8，减去 8，再除以 8，结果还是 8，那么这个数是多少？

答：

好的，我们来一步一步解答这个问题。

设未知数为 x，根据题目的操作顺序，我们可以列出以下等式：

(1) 加上 8：

$x + 8$

(2) 乘以 8：

$(x + 8) \times 8$

(3) 减去 8：

$(x + 8) \times 8 - 8$

(4) 除以8，结果等于8：

$$\frac{(x+8)\times 8-8}{8}=8$$

简化和求解等式：

第一步：展开分子

$[(x+8)\times 8]-8=8(x+8)-8=8x+64-8=8x+56$

第二步：将化简后的分子代入等式

$$\frac{8x+56}{8}=8$$

第三步：简化左边的分式

$$\frac{8x}{8}+\frac{56}{8}=x+7$$

因此，等式变为：$x+7=8$

第四步：求解 x

$x=8-7$

$x=1$

这个解答能帮助你理解这道题的求解过程。如有任何疑问，欢迎提问！

针对上面的解答方式，虽然说 AI 提供了正确的答案，但是这个解答过程对于小学生而言，就不是太实用了，所以可以在向 AI 提问过程中，给 AI 设定条件，也就是说，让它用小学生的思维来解答问题，我们看一下，AI 所提供的答案。

问：

请以小学生的思维来解答上面的问题。

一个数加上8，乘以8，减去8，再除以8，结果还是8，那么这个数是多少？

答：

好的，我们用小学生的思路来解答这个问题。

我们一步一步地倒着来找出这个数。

第一步：

最后得到的结果是8，这是在除以8之后得到的。

那么，除以8之前的数是多少呢？

我们把8乘回去：

$8 \times 8 = 64$

第二步：

这个64是减去8之后得到的。

那么，减去8之前的数是多少呢？

我们把8加回去：

$64 + 8 = 72$

第三步：

这个72是乘以8之后得到的。

那么，乘以8之前的数是多少呢？

我们把72除以8：

$72 \div 8 = 9$

第四步：

这个9是加上8之后得到的。

那么，加上8之前的数是多少呢？

我们把8减回去：

$9 - 8 = 1$

答案：

原来的数是1。

8.2 学习精准监控

学生在学习的过程中，不仅要学习知识，更重要的是要掌握学习的方法，监控自己的学习目标、进展和效果。通过对自己学习进度的监控，学生可以更有效率地学习，还能深入了解自己的学习习惯和优劣势，从而能更好地掌握学习的主动权。在这个过程中，我们可以使用 AI 帮助学生自主进行个人学习行为的分析和进度的追踪。

8.2.1 实时反馈和评估

学生在学习的过程中，可以借助 AI 工具来了解自己的学习状态。在自我学习的过程中，所有的反馈都要靠老师的评测和自己对照答案才可以评估出来。而自己对答案或者老师对自己作业的批改，并不能直观地总结出自己的薄弱点。

使用 AI 可以及时获得反馈，包括习题的正确答案、错误的分析方法以及改进建议。这种反馈和评估方式可以帮助学生快速地识别和弥补知识盲区。

我们以一份学生所做试卷的结果来进行说明，如表 8-1 所示。

表 8-1 学生所做试卷分析结果

题目编号	题目类型	结果	备注
1	选择题	正确	—
2	选择题	错误	答错了细节问题
3	填空题	正确	—
4	填空题	错误	混淆了诗人
5	阅读理解	正确	理解准确

续表

题目编号	题目类型	结果	备注
6	阅读理解	错误	错误分析了修辞手法
7	作文题	正确	结构清晰，表达流畅
8	作文题	错误	缺少论据支持观点
9	古诗赏析	正确	—
10	古诗赏析	错误	修辞手法判断失误错误

传统的方式只可以对这个结果进行判断，哪个题目做错了，哪个题目做对了，并不能分析出深层次的掌握情况，这个时候可以使用 AI 工具对这个表格进行分析。

问：

上面的表格提供了 A 同学所做试卷的题目正误情况，请作为语文老师，对 A 同学所做试卷进行详细分析。

附上试卷具体习题：略。

答：

A 同学语文试卷综合分析与改进建议：

A 同学在此次语文考试中展现了一定的基础知识和分析能力，但也暴露出一些在细节把握、修辞理解以及作文论证等方面的不足。整体表现中等，有明显的提升空间。

……

（1）错误内容总结

细节错误：在选择题和填空题中，A 同学出现了因细节忽略或知识点混淆导致的错误。具体表现为在选择题中未能准确理解题干的关键点，填空题部分混淆了诗人和其作品的对应关系。

修辞手法辨识不准确：在阅读理解和古诗赏析题中，A 同学对修辞手法的理解存在偏差。具体错误为将比喻与对仗、隐喻与夸张混淆，表明其在文学手法的辨析上还不够敏感。

作文论证不足：作文部分，A同学在一篇作文中结构和表达良好，但另一篇作文缺乏充分的论据支持，未能在观点上形成有力的论证。这显示出其在写作过程中对于论证的重视不足，逻辑链条不够紧密。

……

（2）综合改进建议

加强细节判断能力：A同学应通过细致审题和细节辨析能力的训练来提升准确度。尤其是在选择题中，需养成仔细阅读题目和答案选项的习惯，避免因粗心大意丢分。

巩固古诗词及基础知识：针对填空题中的知识混淆问题，建议A同学系统性地复习语文教材中的重要作家、作品及其背景。可以通过反复记忆和练习来加强对基础知识的掌握，避免知识点混淆。

提高修辞手法的鉴别能力：通过系统学习常见的修辞手法，如比喻、对仗、夸张等，并多进行相关题目的练习。建议阅读经典作品，从中体会不同修辞手法的运用方式，从而增强鉴赏能力。

增强写作论证部分：在写作时，A同学需着重加强论据的积累与使用。通过列提纲、思考论点的支撑性，确保每一个观点都能有充分的论据支持。阅读更多优秀的议论文范文，学习如何从实际生活、历史事实等方面提炼论据。

A同学在此次语文考试中体现出了一定的语文基础，但在审题细致性、修辞辨识以及写作论证方面还有待提升。建议A同学采取有针对性的学习方法，提升细节分析和逻辑思维能力。同时，作文中的论证和表达部分可以通过积累素材和结构化写作得到改善。通过有计划地复习和训练，A同学在语文学习中的表现将会有显著进步。

将这份报告作为自己作业和日常知识掌握情况的总结报告，对于学生而言能更好地了解自己对知识的实际掌握情况。

8.2.2 进度追踪和数据分析

AI 工具可以帮助学生追踪自己的学习进度和表现,让他们更清楚地了解自己学到了多少、进步得有多快。

学生可以将自己的学习进度,填充到 AI 工具中,让其绘制出"学习曲线",显示学生在不同阶段的学习效率、知识掌握情况以及他们的进步速度。通过这些数据,学生可以清楚地看到自己的学习趋势,并据此调整学习计划,找到最适合自己的学习节奏。如果学生发现自己的学习曲线在某个阶段变平了,说明进步减缓,可能需要更改学习方法或增加练习来提高效率。反之,如果看到曲线快速上升,说明这个学习方法很有效,可以继续坚持。

学生可以通过 AI 系统设定短期或长期目标,例如"一个月内背诵 50 首古诗"或"期末考试提高 10 分"。只要对 AI 进行设定,它就会像老师一样,时刻提醒学生在什么时候应该学习,在学生学习状态不好的时候,它还可以贴心地为学生进行心理上的疏导,这种方式也可以使用"智能体"的功能块来实现,如图 8-1 所示。

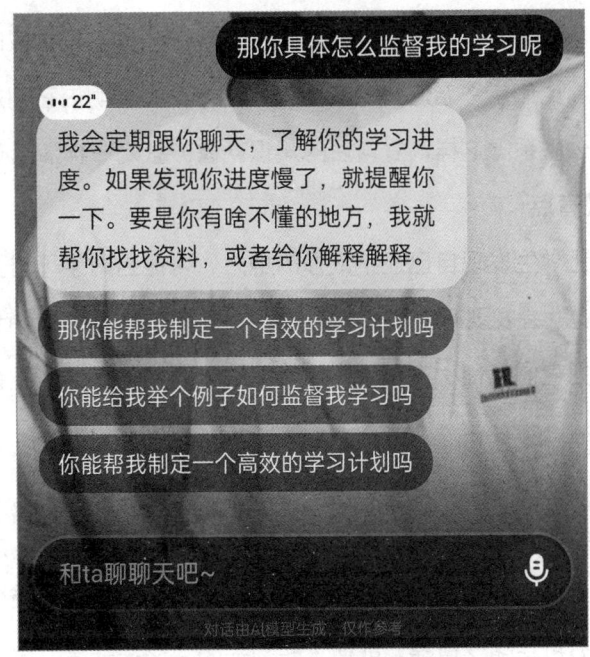

图 8-1 进度追踪和数据分析的智能体板块

8.3 助力复习之路

学生的学习过程不仅仅是新知识的积累，更重要的是通过定期地复习来巩固自己所学习的知识，持续地复习和应用能帮助学生深化理解，提高记忆的效率，最终确保学习的成果能转化为实际的能力。

8.3.1 定期复习的重要性

复习是学习过程中不可或缺的一环。科学研究表明，遗忘是自然而然的过程，新信息若不经过多次重复处理，大脑很快会将其抛弃。定期复习可以有效对抗遗忘曲线，帮助大脑加固和重构记忆，使学习内容得以长期保留。

8.3.1.1 加深理解

复习的时候，不只是把学过的东西再看一遍，而是要更加深入地理解这些知识。学生可以通过复习把不同的知识点联系起来，像拼图一样，把零散的知识点组合成一个完整的体系。比如学数学时，公式不仅要记住，还要明白它们是怎么来的，以及它们之间有什么联系。这样，复习后的知识就像一张网一样清晰有序。

8.3.1.2 发现盲点

定期复习能让学生发现自己还不太懂的地方。可能当时学习时觉得懂了，但一段时间后再复习，就会发现有些地方其实还不清楚。这时候就可以针对这些"盲点"进行重点学习，把它们搞懂。这样就能及时填补学习中的漏洞，不会在考试或实际应用中遇到困难。

8.3.1.3 提升自信

随着复习的深入，学生会发现自己对知识掌握得越来越牢固，这种掌握感会给他们带来自信。当知识在脑海中变得更清晰、运用得更熟练时，学生会感觉学习起来更加轻松，动力也会随之增强。就像不断训练的一名运动员，练习得越多，比赛时就越自信。

8.3.2　如何安排复习计划

一个有效的复习计划，是需要根据个人的学习情况和时间管理来制订的。需要设定一个复习的周期，比如说新学到的知识要设定在 24 小时之后、一周之后、一个月之后进行复习，这样才能更好地巩固自己的记忆。然后还需要将学到的知识转化为实际的技能，从而来加深理解和记忆。在安排复习计划的时候，使用 AI 可以把计划安排得更科学。

我们可以直接告诉 AI，要制订一个什么样的复习计划，如下，假设学生语文的写作能力比较差，想制订一个恶补的复习计划，那么就可以将自己的意图告知 AI。

问：

我的语文写作能力比较差，想制订一个恶补写作能力的复习计划。请你为我科学地制订这个为期一周的复习计划。

答：

为了提升你的语文写作能力，可以遵循以下七天的复习计划：

第 1 天：基础理论与文章结构

上午：阅读关于文章类型和结构的基础理论，如记叙文、议论文、说明文的构成要素。

下午：分析不同类型文章的典型范文，注意文章的开头、发展和结尾如何组织。

第 2 天：词汇与句式训练

上午：学习并记忆一批文学性较强的词汇和成语。

下午：练习运用这些词汇和成语造句，尝试改写简单句为复合句。

第 3 天：实战写作（记叙文）

全天：根据真实或虚构的情境，写一篇记叙文。完成后，自我评估并根据第一天学习的文章结构进行修改。

第 4 天：阅读与分析

上午：阅读高分作文选，分析作者如何使用词汇和句式表达情感。

下午：模仿其中一篇文章的风格和句式，尝试复述一个类似故事。

第 5 天：实战写作（议论文）

全天：选择一个议题，进行资料收集和整理，写一篇议论文。写作后进行自我评估，重点检查论点的清晰度和论据的合理性。

第 6 天：修订与改进

上午：回顾前几天的作品，特别是第 3 天和第 5 天的文章，进行深度修订。

下午：与他人交流作品，获取反馈，并根据反馈再次修改文章。

第 7 天：综合练习与反思

上午：随机选择一个文体进行写作，尽量融入之前学习的技巧。

下午：反思一周的学习经历，总结进步与不足，规划未来的持续学习方向。

在这个计划制订之后，我们可以按照复习的计划严格执行，对其中不太清楚的地方，学生也可以随时向 AI 提问，让 AI 提供更为详细的解答。

Part 4

AI 助教的未来之路

　　AI 技术在教育中的广泛应用不仅仅是一个趋势,它已经成为教育创新的核心驱动力。从基本的 AI 技能培养,到不断推动的教育创新,AI 助教正在塑造一个新的学习和教学生态。AI 的集成不仅提高了教育质量,还促进了技术与人文的和谐共存,为师生共创未来教育新生态提供了无限可能。

Part 4

9

AI 助教引领新趋势

9.1 人人必备的 AI 技能

在数字化时代，AI 技能已不再是高科技专家的专属领域，而是变成了每个人都应掌握的基本技能。随着人工智能在各行各业的广泛应用，从小学教室到大学教室乃至企业，无论你身处何地，AI 的影响力都在显著增长。因此，了解并掌握 AI 技术变得尤为重要，它不仅能够提高个人的职业竞争力，也是适应未来社会变革的关键。

为什么现在每个人都需要学习 AI 技能呢？

AI 技能能够帮助我们更有效地解决问题和处理信息。在学习环境中，学生可以利用 AI 进行个性化学习，AI 能够根据每个学生的学习速度和风格调整教学内容。在职场上，从数据分析到客户服务，AI 的应用可以提高工作效率和质量，减少人为错误。

随着 AI 技术的发展，未来的工作机会越来越多地需要这项技术的支持。不论是医疗、金融、教育还是娱乐行业，AI 的应用都在重新定义行业标准和工作方式。掌握 AI 技能，可以让你在激烈的职业竞争中占据优势，拓宽职业路径。

教育部门正致力于将 AI 技能教育普及到每个年龄段的学习者中。学校正在将 AI 课程作为标准课程来教授，内容不仅包括基本的编程和数据分析技能，还包括 AI 的伦理使用、数据隐私和网络安全等方面的知识。这种全方位的教育方式帮助学生在技术日益发展的世界中，能够理解并正确地使用 AI 技术。一些学校已经开始利用 AI 工具，如编程软件、数据分析工具和互动学习平台，使学生在实践中学习 AI 技能。教育机构还与科技公司合作，引进最新的 AI 技术和工具，确保学生能够接触到行业前沿的技术。

为了确保每个人都能接触到 AI 教育，许多在线教育平台也都开始提供从初级到高级的 AI 相关课程。这些课程不仅适合学生，也适合任何希望提高自己 AI 技能的职场人士。在线平台的优势在于灵活性高,学习者可以根据自己的时间安排自行学习,这大大降低了学习 AI 技能的门槛。

我们认为在数字化时代,人们需要具备使用 AI 的技能。随着 AI 技术在多个领域的深入应用,从基础教育到职场,AI 的作用日益凸显,成为推动社会进步的关键力量。人工智能不仅重塑了工作方式,还改变了学习方法,使个性化和效率成为可能。

9.2 教育创新不停步

教育领域正经历着一场由人工智能驱动的革命。AI 技术的迅猛发展，不仅改变了传统的教学模式，还为教育创新注入了源源不断的动力。教育创新不停步，意味着我们需要持续探索和应用最新的 AI 技术，以满足学生多样化的学习需求，培养适应未来社会的人才。

人工智能正在重新定义"学习"的概念。过去，教育更多地依赖于教师的讲授和学生的被动接受。而现在，AI 技术使得个性化学习成为可能。通过对学生学习行为和数据的分析，AI 可以为每个学生量身定制最适合他们的学习方案。这种以学生为中心的教育模式，不仅提高了学习效率，还激发了学生的自主学习热情。

教育创新的另一个重要方面是教学资源的数字化和智能化。借助 AI，海量的学习资料可以被智能整理和推荐，学生可以更方便地获取所需的信息。AI 并不是要取代教师，而是要成为他们的有力助手。通过 AI 辅助教学，教师可以更深入地了解学生的学习情况，及时调整教学策略。AI 可以自动批改作业、分析考试结果，为教师节省大量时间，让他们有更多精力关注学生的个性发展。

教育管理也在因 AI 而发生变革。智能校园、智慧课堂的概念正在逐步落地。学校可以通过 AI 系统对教学质量进行监控，对教育资源进行最优配置。家长也可以通过 AI 平台实时了解孩子的学习进度，与教师保持密切沟通，共同促进孩子的成长。

然而，教育创新不停步，不仅仅是技术的革新，更是教育理念的升级。我们需要思考如何在技术高速发展的同时，保持教育的初心，培养具有创造力、批判性思维和社会责任感的全面人才。这就要求我们在引入 AI 技术的同时，注重对学生人文素养的培养，鼓励他们思考技术背后的伦理和社会影响。未来的教育将是人机协同的教育。AI 技术将深入教育的方方面面，但最终的目标仍然是为了人，为了每个学生的全面发展。教育创新不停步，需要我们保持对新技术的敏锐度，积极探索，将 AI 技术与教育实践深度融合。

9.3 技术与人文的平衡之道

维护技术与人文的平衡成为一个至关重要的议题。随着 AI 技术在教育领域的深入应用，如何确保这些技术增强而非削弱人文教育的价值，是教育者、技术开发者和政策制订者必须面对的挑战。

人文教育关注于培养学生的批判性思维、道德感、审美观和对人类文化的理解。在 AI 的浪潮下，教育系统需要重新思考如何利用这些强大的技术工具，而不是被它们所主导。这意味着，在设计 AI 教育产品和课程时，开发者和教育者要共同努力，确保技术的使用能够丰富学生的人文学习经验，而非简单替代传统的教学方法。

AI 可以被用来处理教育过程中重复性高、劳动强度大的任务，如批改作业和组织测试，从而释放教师的时间和精力。这样，教师就可以更多地投入与学生的互动中，指导他们进行复杂的思辨讨论和创造性活动。通过这种方式，AI 不仅提高了教育效率，更通过赋能教师来强化了人文教育的核心价值。

AI 技术可以作为一种强有力的辅助工具，帮助学生探索广泛的人文学科。例如，通过使用增强现实或虚拟现实技术，学生可以虚拟访问世界各地的博物馆、历史遗址，甚至可以"亲历"历史事件，这些体验能够极大地提高学生的学习兴趣和他们对人文知识的理解。

AI 技术本身就是跨学科的产物，其研发和应用涉及计算机科学、心理学、语言学等多个领域。在教育 AI 的过程中，强调这种跨学科的知识整合，不仅可以提升学生的技术技能，同时也能增强他们对科技如何在更广泛的人文和社会背景下运作的理解。

要实现技术与人文的真正平衡，还需要持续的政策支持和教育理念的更新。教育政策制订者需要确保教育资源的公平分配，使得所有学生都能受益于 AI 技术的优势，同时保证教育内容的全面性，不偏废人文教育的重要组成部分。此外，教育者和技术开发者应该不断对话和反思，以确保 AI 技术的发展方向和应用方式能够真正服务于教育的全面和均衡发展。在 AI 不断推动教育进步的今天，寻找和维持技术与人文的平衡不仅是一种挑战，也是一种机遇。

9.4 共创未来教育新生态

在人工智能技术飞速发展的今天,教育领域正站在一个全新的起点上,共创未来教育新生态已经成为一个不可逆转的趋势。这种新生态不仅仅是关于引入最新技术的教室,更是关于打造一个互联、互通、互补的教育系统,其中技术与人的互动将定义新一代的学习方式和教育环境。

在这个新生态中,AI 不仅是工具或辅助,而是成为教育生态系统中不可或缺的一部分,它与学生、教师、教育内容和学习环境相互作用,共同推动教育的个性化和智能化。AI 的引入使得学习体验不仅限于传统课堂的边界,而是扩展到任何时间、任何地点,满足学习者多样化和即时的学习需求。

一个学生能够通过智能设备随时接触到量身定制的学习资源,而这些资源不仅基于他们的学习历史,还能实时调整以适应他们的进展和偏好。教师通过数据分析工具,不仅能够跟踪每个学生的学习轨迹,还能从中发现学习过程中的模式和障碍,据此调整教学策略,实现真正的因材施教。

未来教育新生态还强调开放性和协作性。教育资源和平台的开放将使得来自不同背景的学生都能够享受高质量的教育资源,教育的公平性和可及性显著提高。教育机构、科技企业和政府部门之间的协作更为紧密,共同开发和推广能够响应未来社会需求的教育解决方案。我们也见证了越来越多的企业和创业者投身于教育技术的创新和应用,他们不断推出新的产品和服务,从虚拟现实教室到 AI 驱动的学习管理系统,这些创新正在重新定义教育的形态和内容。而这一切,都是在迅速形成的教育新生态中进行的,每一次创新都为这个生态系统注入新的活力。

最终,这种由 AI 驱动的教育新生态将更加强调学习的效果和效率,同时也不忽略学习的趣味性和参与感。通过智能化的工具和方法,学习过程变得更加直观和吸引人，而教育的目的也将更加注重培养学生的全面能力，包括创新思维、问题解决能力和终身学习的能力。

在这个由 AI 塑造的未来教育生态中，每一个参与者都是创造者和受益者。教育的未来将是智能的、个性化的、互动的和无界的，共创未来教育新生态不仅是一种期待，更是正在发生的现实。这一进程需要每个人的参与和贡献，共同推动教育向更高效、更公平、更具创新性的方向发展。

后 记

在这个充满变革的时代，人工智能正以不可阻挡的势头革新着教育领域。我们深入揭示了 AI 的本质和发展历程，展示了其在教育中的无限可能。AI 不再是遥不可及的概念，而是正在实实在在地改变着我们的教学与学习方式。从 AI 的崛起之路到各种常用的 AI 模型，我们为您全面解析了 AI 如何为教育赋能。这一切都为您打开了通往未来教育的大门。

对于教育者而言，AI 助教是提升教学效率的秘密武器。借助 AI，教师可以精准设定教学目标，提前分析教学重难点，轻松获取海量教学资源，一键生成教学设计和课件。这不仅节省了时间，更让课堂教学变得丰富多彩，激发学生的学习热情。AI 还帮助您培养学生的注意力，创造令人难忘的课堂瞬间，分享实用的阅读技巧，运用数据分析提升教学效果。课后，AI 辅助个性化学习、提供智能辅导和答疑，让您的教学事半功倍。

对于学习者而言，AI 开启了高效、轻松的全新学习时代。AI 可以帮助学习者找到适合的学习方法，定制专属的学习计划，提前预习新知识，获取最全面的学习资料。通过 AI，可以利用 Coursera、可汗学院等在线教育平台，随时随地学习。AI 还可以记录课堂笔记，提升课堂互动体验，实时解答疑问，帮助学生及时掌握课程重点。课后，AI 可以精解作业难题，精准监控学习进度，制订高效的复习计划，让学习效果立竿见影。

未来，AI 助教将引领教育的新潮流，成为每个人都不可或缺的技能。我们要共同创造未来教育的新生态。让我们紧扣"AI 助教：人工智能辅助教与学"的主题，积极拥抱人工智能，用科技为教育赋能，为自己和学生开启智慧学习的新篇章！